流淌的岁月

李一鸣　秋实　主编

王天立　于忠杰　孙国斌　胡卫宁　李学平　编委

作家出版社

图书在版编目（CIP）数据

流淌的岁月 / 李一鸣，秋实主编 . -- 北京：作家
出版社，2022.2
ISBN 978-7-5212-1807-7

Ⅰ．①流… Ⅱ．①李… ②秋… Ⅲ．①散文集 – 中国
– 当代 Ⅳ．①I267

中国版本图书馆 CIP 数据核字（2022）第 024363 号

流淌的岁月

主　　编：李一鸣　秋　实
责任编辑：李　娜
装帧设计：纸方程
出版发行：作家出版社有限公司
社　　址：北京农展馆南里10号　　　邮　　编：100125
电话传真：86-10-65067186（发行中心及邮购部）
　　　　　　86-10-65004079（总编室）
E-mail:zuojia@zuojia.net.cn
http://www.zuojiachubanshe.com

字　　数：180千
印　　张：17
版　　次：2022年2月第1版
印　　次：2022年2月第1次印刷
ISBN 978-7-5212-1807-7
定　　价：58.00元

目录

序

文化是大众的，任何一个国家、民族、城市、单位、企业都应该有文化，应该把文化建设作为重要内容。一个国家没有文化是不可能强大的，一个民族没有文化是没有希望的，一个城市没有文化是没有灵魂的，一个单位没有文化是没有凝聚力的，一个企业没有文化就没有可持续发展的。所以，文化绝不是某一个领域或区域的。如果文化被区域化了，或仅仅属于某个部门，那么社会就没了文化，文化就会失去普遍性，文化的力量就发挥不出来了。

在中国共产党成立一百周年之际，烟台市委统一战线工作部联合中国作家协会、中国传记文学学会举办烟台统一战线历史、文化、人物、故事采风和征文活动，是很有意义的。我们党辉煌的一百年的历史，也是多党合作的历史，这是政治层面上统一战线的重要意义；我们党辉煌的一百年的历史，也是统一战线、武装斗争、党的建设"三大法宝"发挥作用的历史，这是战略层面上统一战线的重要意义；我们党辉煌的一百年的历史，也是统一战线的历史，这是实践层面上统一战线的重要意义。这些历史都是我们党的红色基因，我们不仅要传承下去，而且要发扬光大。用文学的方式去讲述，去描写，去表达，会让那些感人的历史、文化、人物、故事更具有感染力，更具有影响力。

我常常读一些文章，文学性的文章是最具有力量的，写得好的文章人们是愿意读的，读后会留下深刻的印象，也是愿意重温的。就同一个题目写的文章也是不一样的，同一个故事，不同作者写出来也是不一样的，故而让文学家写是有意义的。这些历史、历史中的故事，特别是一些英雄人物，对下一代、对青年人，都是被尘封了的，都可能被遗忘。用文学的方式记录下来、流传下去，就不会被时间磨灭。

这次开展烟台统一战线历史、文化、人物、故事采风和征文活动，就是为了学习历史、记住历史，从历史中汲取经验和教训，从历史中看中国共产党的初心。活动的本身就是一个学党史的过程，也是以文学渲染统一战线历史、文化、人物、故事的过程，是一个宣传过程。这就可以把烟台统一战线的历史、文化、人物、故事，传递到未来，传递到世世代代，让他们记住历史，记住英雄，传承红色文化、红色基因。

文字和文学是传承的最有力量的载体，也是最有感染力的载体。开展采风和征文活动，就是从不同角度、不同层面、不同领域写好统一战线历史、文化、人物、故事，歌颂祖国，歌颂党，歌颂人民，形成统一战线特殊的文化体系。

中国作家协会来烟台开展采风活动，全国各地的作家、文学爱好者积极参与到征文活动中，触摸烟台的历史与文化，积累丰富的素材，一定会书写出好的感人的文章，挖掘出烟台统一战线更多的历史、文化、人物、故事，让历史有更好的传承。

烟台山物语

张　楠

在一个城市即便住上了二十年，我还是觉得不够了解它的过往，脚下的大地和那些风吹的事物。烟台山去过多次了，大多结伴而去，一般会在节假日。今天只是冬天中最平常的一天，但它又有着不同的意义。因为我，为它准备的稿子、笔墨。仿佛一个记录者要把冬天的烟台山立在纸上，如一个约定。只是我一定会力不从心的。

其实早就想一个人去。有时候生活过于懈怠，便也不知什么最为急切。一方水土，我习惯了它的汹涌，习惯了被它用来浪费光阴，每天慢慢地前行。当我站在12月的窗口，我看到高楼大厦，霓虹闪烁仿佛排山倒海地让我觉得一年的空空。我的愧疚感不知道应该对谁说出呢。我想去寻找一些属于我的，又不知道什么会真正地属于我。只是我在头一天晚上就想好了要自己去一次烟台山，仿佛那里有一个故事等我去听，有一个往事等我去为之落泪，我也不知道到底有什么会成为我的，或者什么都不会属于我的，那么也不要紧。

为了更加快捷方便，我骑了电动车。

没有风，你不会觉得这个城市有多冷。阳光单薄，但它代表着一个城市冬天的温度。我骑着电动车，冷的风吹进胸口，我顺手把羽绒服的拉锁拉紧了些。也并非冷得受不了，冬天的冷自然也会多一些清醒，明确了更多的目的。我坦承我是为了写一些文字，为我的城市。正如拿出相机为它拍照，我不知道我能否写出它的真实，立在纸上的山水我又要如何去临摹，去描述。仿佛真的去写我又会把自己当成这个城市的陌生人。因为无论生活多久，我都无法完全懂它，了解它的更多的底蕴和文化。为此，我又觉得自己有些羞怯了。

我一路加速，路过一些路口，我又努力把车闸闸紧一些，仿佛有一颗急切的心要跳出来似的。很快就到了解放路，冬天的烟台山又和其他季节的不同。因为它没有生长的枝条，一切都在静止。哪怕小小的果子也在葡萄藤蔓上将水分风干，却不掉不落。我是在大门口的野葡萄枝上去端详这些小小的尤物。它们点缀在"烟台山"这三个大字的边缘。

世界总是那么地庞大，而我固执地热爱那小小的事物。当然我确定它就是老家山上的那种山葡萄，这些葡萄串也会挂着一份小小的乡愁吗？再往上走就要登山了。一路上会有不同的参观景点，标志符号和文字都极为清楚，来参观的人可以随意地去某个方向，保证不会迷路的。一路上也没有遇到太多的人，不像节假日，人山人海的。我一个人的孤独也仿佛有这一座山大了。小路向上有一些小的斜坡，但走在上面一点也不会觉得累。那些鹅卵石被时光磨得锃亮，干净得不像用脚踩过的路。不知道这些路铺设多久了，我无从去问，就像别人也不知道我是从哪里来的。

一切没有说出答案。也不去打开答案。我只需用一颗心去抚慰着迎向我的和被我迎向的问题。一个人无法说话，也无须说话。我在那些静物中用眼睛交流，用耳朵交流，我听到了不同的鸟鸣，有别于我先前在大街上看到的麻雀和喜鹊。它们边飞边叫。我沿着声音去寻找它们，它们没有飞远，就是这个山上，依稀看到它们的小翅膀，一个黑色的影像在轻轻地移动。我会不由得被它们牵引着。又出现别的方位的鸟鸣，它们很不统一地叫着，但又极为好听。那一会儿我的耳朵要竖向不同的方向。迷失一般地被带入。它们在头顶上飞，在树林里飞，在屋顶上飞。它们像一个个小小的符号，你又不知道它们为何会发出天籁之声。久违了的一种感动又会把内心的缝隙填满。

沿着路往上走，第一个建筑就是英国式洋房，现为烟台开埠陈列馆。在第二次鸦片战争爆发时，烟台于1861年被迫开埠。我进去的时候那里一个人也没有，仿佛我一下子进入了清朝。冷的墙壁，冷的空气，我很难用一种热情去还原那些画面和故事。只有看，只有读。

隔着一百多年的时间，我闯入了他们的尘世。历史不能瓦解的，都在一幕幕地播放着。我把每一个挂图都拍下来。那时的村子，那时的港口，那时的街道，我一点点地去缩小着距离，把自己放在某个位置。前言介绍那时的北方商贸、航运、手工业、渔业兴旺发达。我似乎在那些灿烂的文化之中拥有了大片的天空。冥想着山山水水时，又进来了几个人。他们的兴趣很浓，边看边读，读得很大声。似乎他们的声音穿越了那些街道、屋舍。为了发现更多的真相和不朽，我用手去摸了摸那时的界碑，冰凉的温度。仿佛从那个时候到现在一直都是这样高冷。一味地冷，只是这样的触摸不会觉得它有什么不同。但它们背负着历史和朝代，又躺在历史之上，字体清晰地把一个王朝深刻着。我在想它们背后的水深火热。我相信它始终仪式一般地站立在大浪大潮中坚不可摧，它们不知疲倦地呼吸着，玻璃柜子里放着不同时期的铁炮，锈迹斑斑。它们曾经开过火，打过敌人，置身于那个时代，一个古老的炮台也会经历劫难。此时也没有人站出来说话的。历史和这些摆设只是愈加安静。我也无处向人询问什么，灵魂和灵魂在对话吗？

那些图片上的人，显赫于一个王朝，又溃败于一个王朝，我能去评判什么呢？似乎他们替我们去经历。人永远都会有血有肉的。当然这间房子是当时英国人的领事馆，我在想他们生活在这里，心境里也有一片海。他们统治着他们的欲望，那些想占有的空间，依然属于这里的那片蓝了。电话、桌椅、办工用品摆放得有条不紊，落在桌子上的阳光也依然轻薄，但又不同于往日的那片了。即便在这个屋子待了很久，我不停地拍照，不停地去看那些标签上的字，我还是未能发声。图片均为黑白，黑白的世界无非就是黑和白。我在想哪一个可以倾斜得更多一些，一下子思维又陷入了沉重。

走出这间屋子，听到的还会是鸟雀的鸣叫。它们像一个个无神论者，享有着一切自由，不拘于任何一刻。我抬头去看它们飞翔的姿势，什么也看不清的。但轻得会让人觉得历史也在它们的翅膀之下，这里的静穆也在它们的翅膀之下。继续沿着路标行走也会有不同的路口，不同的选择。我完全凭直觉，去向哪一个馆都可以的。

我看到玉兰树叶还那么油亮，在冬天的光中还会有一点刺目。这里也没有下雪，整座山都清丽得可以看到线条。仿佛没有什么秘密，就连历史也会公开，而且也不收取门票费了。我努力地把心敞开得更宽大一些，想把这里的一草一木都装得更多一些。

走向了那个屋子，原来是戏曲博物馆。一些老人在练习唱歌，他们唱的是《青藏高原》。我看着墙上的介绍，戏台，高楼，又进入清朝。进入他们的角色，我一定站在台上当一个认真的观众。峥嵘岁月，我想把那些人再好好地打量一番，或者找到一种乡里乡亲的亲近。只是懂得极少，我也只是看看，把一些懵懂的想法又藏了起来了。

快到11点了，这时的烟台山微风徐徐，那样静又那样动。我甚至忘记我到底来自何处，为这片寂静停滞着，在发呆。前面就是冰心纪念馆，以前来过，今天也要再进去看看。还是只有我一个人走向了那所房子。我庆幸这不是周末，又是在冬天，大多数人都在上班或不想出门。冰心的少年在烟台、在金沟寨、在海军学院度过，也就是在现在的航院长大。他的父亲是那时的校长。我喜欢看冰心小时候的样子，还有他的父亲，威严的父亲，站在她的旁边并呵护着她。我认真数了数冰心的父亲活了多少年，也算很大的年纪了。生命在那些数字上写着长短，让我不由得打寒战。我也在想我的父亲，他居然不在我的身旁。人间的寒凉有时候无处可依，我又能借助于什么呢？疑问总会无用的，我一再地读和写也不过用它堵着伤口罢了。我仰慕冰心，看她的父亲和她的故事。"烟台东山荒凉得很，时常有狼在夜里出来觅食，有一天傍晚，我跑上旗台去找父亲，夜色苍茫里仿佛有一只大狗跟着我，一双亮得透骨的眼睛。我跑上了旗台，父亲把我紧紧地搂在怀里说：'刚才追在你后面的是一只狼。'"看着冰心清秀的童年，会觉得那个夜晚又来临了一次。"我与父亲在东炮台的练兵场上，父亲说'那些港口都不是我们中国人的，威海是英国人的，大连是日本人的，青岛是德国人的，只有烟台是我们的，中国人自己的一个不冻港。'"此时这个屋子仿佛仅是我和冰心的，我想很自私地占有这份温馨，以及这份坚实的力量。情不自禁地泪眼婆娑起来，也不知道究竟为什么落泪。为我们的港口，为她的父亲，为我的父亲，还是为她？总之流泪成为我唯一的表达了。

冰心的旗袍挂在玻璃柜子里，很标致的身材。麻布的料子，小小的领口。我想象着她穿上旗袍的样子，一个民国的才女。让我觉得相差千里了。只是我们同时热爱着这片土地，也同样喜欢吃这里的水果，吃这里的小吃。这样又让我觉得也有一些相同的趣味了，不免窃喜起来。

读着冰心去对照自己，她那细腻的笔触，仿佛大海的委婉，又不缺乏力量。我崇拜着她。她笔下的炮台都在，只有时间在匆匆别过，现在东炮台成为爱国主义教育基地。那里有营房、旗台、码头和大炮。沿着冰心的文字似乎能找到古老的烟台全貌。被它洗礼，被它滋长。带着对冰心的崇敬也再次对文字死心塌地地热爱着。

从冰心纪念馆出来，还有更多的馆。我觉得太匆忙，便只是沿着路往上走，没有进那些屋子。我看到了灯塔。我不由得想去看看，又不想那么急于去看它。我在想我始终在低处被它照亮。花十元钱可以乘电梯上去的，我还是没有去。不想那么快地得到什么，我想在每一个角落都逗留一会儿。一点点地去触摸这里的一切。不急于求成。前面的龙王庙我也没有进去。总会觉得哪里做得不够好，会对神灵不恭敬。看着那些飘拂的红绸缎就把脚步退了回来。我绕着龙王庙走到后山，那里有一个雕塑的龙。人们时常往水池里投硬币，祈祷着风调雨顺。

后山的后面就是大海了，东面和西面也是大海。烟台山三面环海。风吹着树叶沙沙响，烟台山透过树林的缝隙把大海的蓝色也透过来。那样的蓝我相信仅属于烟台了。我无法找到一个合适的比喻。但蓝色已抵达一种原始，一种神秘之境，一尘不染的蓝又无法抱起的蓝。

我拿出手机照下这山后面的海，又不停地把目光投向海水，仿佛一个落荒而逃的俗人，在大自然面前重新梳理身心，像一条鱼一样要游到深处。远处的港口在日光中错落有致。一艘白色的轮渡从远处开过了，也有更远一点的轮渡去向了远方。不知道它们来自哪个地方，又去向哪个地方。有时候觉得远方将我抛弃了。我站在离港口最近的山上看远去的船只，无欲无求。不知道我仅这么看、用心看算不算灵魂上的流放，我也不知道灵魂到底最喜欢哪一部分。

我对整座山、整个烟台的海都极为贪婪的。我飞不到的地方，我想让那些鸟或那些水鸟替我喜欢着。我也不想做一个无用的人，哪怕仅会喜欢，也一定是从心出发的。我自己在不同的方位把大海看了一遍又一遍。其实每天都在看海，但当我一个人面对大海时，大海就会成为我的思想。或它平衡于我的底线，我又会因它飓风般的浪潮退缩到原地，但风平浪静之后还是会被大海再次召回。

烟台山的海应该最为幽静的。山和水相接着，甚至沿着石阶和小路都可以到达海边，仿佛那些小路成为了一个通道，去向了远方之外。这真的不是奢求的，在烟台山海成为一个庞大的背景，你可以肆无忌惮地站在其中。听着海风呼吸着，大海在胸腔中也会栖息着它的潮起潮落。我只是看多了也不足为奇。现在把大海当成了一张纸，我要写下一些词，一些句子。像扔向它的小石子，听听那些扑通的声音也有着海水的回声。

快到中午，我决定要回家吃饭了。这里也有餐厅的，我还是执意要回家。或者为了更快一点地去写些什么。下山感觉很快，像身体也有了能量。鸟还在空中鸣叫着。我确定它们一直叫得这么动听，还不停歇。给一座山镶嵌了一道道无形的金光。我带着那些欢愉出了大门，迎接我的还是海。海边人来人往，还摆着一些贝壳之类的工艺品。风吹着那些贝壳风铃发出清脆的声音。大海在身后翻涌。油画一般的生活，我们都可以成为其中的一员，参与其中。近处的海、远处的海在蓝色的铺设中将天空拉低了。命运在各自的奔跑中好像都在寻找源头。我再次确认了生活的输赢一定小于海、低过浪花。它概括了人间的万象又统一着色。我把想说的话和不想说的话都投注于海，每一个字符可以下沉，也可以上浮。对于一座山我又很矮地站在了山脚下，对于一片海我会把暗夜和孤寂也一同都搬来。

骑在电动车上，我去向了回家的路。那里有一张白纸等我去把一座山和一片海缩写为几千个字。遗漏的部分还要再继续誊写。就像我还没有写的教堂、钟声，在时光的隆重之中我要反复地返回。去记录，或者仅仅在生活中远远聆听。

作者简介：中国作家协会会员。中国诗歌学会会员。先后参加中国网络诗人第二届高研班、山东省第十七届（诗人）青年作家高研班进修。作品发表于《诗刊》《星星诗刊》《草堂》《延河》《扬子江诗刊》《山东文学》《百家评论》《诗选刊》《诗歌月刊》《绿风诗刊》《唐山文学》《山东诗人》《长河》《中国诗歌》等。著有诗集《返回镜中》。

莲花灯下诵经人

慕国瑞

在福山合卢寺，我的心被触动是从暮色开始的，我那颗被世俗浸泡的倔强的心变得柔软，干涩的眼睛变得湿润。

上午来的时候，春日鲜嫩的太阳，把这片福山福地照耀得像是一粒晶莹剔透的露珠，像是一朵夏雨后鲜丽夺目的莲花。

这是一个神奇的地方，四周都是山峰，蜿蜒连绵，逶迤不绝，有九水下山，故称九龙山，俗称合卢山。正是四月芳菲天，东山上桃林花儿开得正盛，似粉云落山；西山上柳林吐出新芽，如绿绵铺地；南面的座座山峰，幽深翠绿，高高低低勾画出一条宏丽的曲线，确如一条飞龙。

人们说，中国的庙宇都建在山清水秀的地方，真是不假，合卢寺依南山坡而建，由低至高，层层递进。连绵的坡式青瓦屋顶，从山下次第至山顶，漫延出一片永久的庄重的青云，每幢屋脊两端的巨大又弯弯的长角，豪迈地装点出大唐建筑的气派。青山绿水之下，奇树异花之中，但见庙宇布局严整，工艺精湛，殿宇深峻，阶墀轩敞。虽面世稍晚，但实为国中重宇，再现"胶东第一古刹"的雄风。

在如画的金水桥边，清风丽日下，我与合卢寺住持、方丈悟实法师相遇。这是位传奇人物，他三十岁时来到福山，白手起家，在一片废墟上建起这座名刹。他攻读了两个学科的硕士，一个学科的博士，还成为牛津大学佛教教育学的博士后，十足的学者型佛界翘楚。

我们相互拱手，他看上去很年轻，中等身材，穿一件黄色的对襟长褂，一双黄布鞋，典型的佛教僧人装束。圆圆的脸，红色的面孔，两只眼睛特别明亮，黑黑的瞳仁，似两潭清澈的湖水，让他显得与众不同。他给我的第一印象是和善、沉稳，浑身透着一股佛家的亲和力和学者的灵动。

这位传奇的人物，并未高高在上，我觉得他有一种自然的亲切感，虽是僧俗两界，并没有隔阂。

话头就从眼前的合卢寺说起。悟实法师一双明亮的眼睛看着我，声音不急不徐，像一股清泉缓缓地流进听者心里。他说，佛家讲缘分，我同这里还是有缘的。2008年，我来到这里，高高的合卢山上，白雾漫漫，风吹雾动，山峰忽隐忽现，耳边鸟儿啁啾，真是仙山宝地。当地人告诉我，唐代的时候，这个地方发生了瘟疫，户户感染，村村死人，哭声遍野。一位和尚来到此地，见此情景，心生慈悲，在山上结草为庐，用山上的合卢草熬水治病，使乡亲们得以活命。受此感动，我发下宏愿，要在此建寺供奉药师佛，继承老和尚精神，为众人消灾去病。

拾级而上，边走边聊边看。大雄宝殿里五方真佛，身披袈裟，神像庄严；天王殿里塑像神态各异……

在藏经楼前的一组浮雕前，他一边引领着我们看一幅幅以孝为内容的浮雕，一边叙说着他对孝道的见解。

佛教中关于父母恩重的论述让他双眼发亮，中国是重视孝道的国家，他发愿从这一点上找到结合点。从教义出发，结合社会现实传授孝经。他夜以继日编写了十一章教材，升座开讲，阐扬孝道，推介孝思，让听者体会父母宏恩。

发愿一点正，大路条条开。紧贴现实人心的孝经阐释，很快让听众成为信众。悟实法师的名字伴着合卢寺的名声远扬。从这里，悟实找到了佛教发展的方向：他遍翻经书，引经据典，从佛教的角度认识和阐释社会主义价值观；把佛教的积极因素同中国优秀传统文化相结合；开展了国旗、宪法和法律法规、社会主义核心价值观、中华优秀传统文化"四进"寺庙活动。他开设了普觉讲堂，宣讲自己的学习心得。他发挥聪明才智，呕心沥血地编著了把佛教要义与优秀文化、核心价值观相结合的《新三字经》，成为信众们身体力行的目标："离愚痴，近智者，最为吉祥；尊有德，修德行，最为吉祥；喜读书，巧工艺，最为吉祥；行正业，言行谦，最为吉祥"等，在信众中聚集了向上向善的正能量，形成了强大的和谐友善的气场。

在玉佛殿二楼的接待室里，听着悟实的叙说，我喜不自禁地说："任何的思想、教派，只有同时代相结合，与时代同行，才能有生命力，你把佛义请下神坛，把经文取出藏经阁，自觉与时代同行，走的是一条中国佛教现代化的道路，可喜可敬。"

他抬起头，满脸笑意，两只明亮的眼睛看着我，没有说话，却起身到案上拿了两套书给我：一套是由宗教文化出版社出版的"普觉丛书"，分别是《药师如来与健康人生》《药师如来与当代社会》《药师如来与公益慈善》《药师如来与人间佛教》《药师如来与佛教中国化》，厚厚的五大本，每本约五十万字，拿在手上沉甸甸的。主编都是悟实法师，不愧是佛教教育学博士后，让人惊叹。另一套书规模小一些，可也是三本，是悟实法师所著的报恩系列。文图并茂，让人爱不释手。

不觉间，天已薄暮，放眼窗外，已是云雾满山，它们似刚飞来，又要飞走，犹犹豫豫地在山头和山涧缭绕变幻出无限景色。不觉想到"合卢云雾"乃是福山十景之一。又想到了清人游合卢寺的一首诗："古寺登楼望，苍苍色四围，云滞千嶂出，鸟傍九霄飞，碧水浸秋石，青松挂夕辉。"现在正是"苍苍色四围，云滞千嶂出"的意境，不想走了，决定住下来感受一下，看看"鸟傍九霄飞"。

吃的是斋饭，有一碟香椿，一碟豆腐拌青椒，一碗焖茄子，主食是全面粉的小馒头，很简单。但都是寺院自己生产的，吃得恬静、放心、舒坦。

饭后，已是大黑，望窗外天地间黑得一片混沌，正像是一幅水墨画，虽然都是黑的，但却是浓淡不一。远处的山峰是墨黑的一团团，稍近些的庙宇是苍黑的一朵朵，更近些的放生处广场则是一片漫清的浅黑。

向晚时一群一群的飞鸟不见了，那时群鸟飞过广场，它们大声地叫着，叽叽喳喳，喳喳叽叽，像是一场大合唱，又像是一次万人的集会。没见到"鸟傍九霄飞"，却看到了"鸟临广场飞"。现在它们都回家了。山、寺院、广场都静了下来，静得好像只能听到自己的呼吸。真是一种"千山鸟飞绝"的禅境。这种境况让人安静、沉思和畅想。

忽然，金水桥上的四座莲花灯亮起来了，灯杆是绿色的，有两米多长，像是莲花的茎。莲花有一米多的直径，粉红色的花瓣也近一米长，它们层层地绽放着。天地间的那幅无边无沿的水墨画，因有了四朵莲花的开放，顷刻间变得生动起来、亮丽起来。莲花是佛教的象征，它圣洁，它吉祥，它高贵。此刻，开放在夜色里的莲花，把圣洁、吉祥的本性都呈现出来了。此刻金水河边的小树上的万盏灯光也亮起来了，它们沿着河边延伸，像是光亮的天河降临到人间。

就在此时，我们看到了莲花灯下的三个诵经人。在莲花灯下诵经，他们个个显得平静、自信和快乐，有节奏的脚步轻轻地踏在水泥路面上，像是一首轻音乐。我凑上去与他们交谈，听着他们真诚的自白，我对悟实法师有了进一步的认识，是他结合现代社会和现实生活的讲经，让他们生发了向上向善的力量。

回到房间，我打开悟实编著的"普觉丛书"，这五本皇皇巨著，原来是佛界、理论界、政界各方人士，探讨佛教与现代结合的论文汇编。从书籍前边的照片看，围绕着佛教与现实结合的论题已经召开了七八次研讨会了。他还很年轻，又发了这个愿心，他一定会在中国佛教现代化的道路上越走越远，越走越强。

作者简介：中国作家协会会员，中国散文学会理事，山东省散文学会名誉副会长，烟台市散文学会名誉会长，《烟台散文》主编，先后出版专著十余部，诸多作品和著作获得全国、省奖项。2014年获得第六届冰心散文奖。

恰同学少年

刘玉涛

"日照香炉生紫烟，遥看瀑布挂前川。飞流直下三千尺，疑是银河落九天。"唐代李白的《望庐山瀑布》，这是二十世纪八十年代初一千二百余人参加烟台艺术学校考试的水粉命题作画。我一摊一涂，撒下去的不是颜料，而是心中的梦想。

一

1983年9月，一个秋光绚丽的上午，烟台福山路35号依山而建的学校教学楼二楼，迎来了录取率不超过百分之十的新生入学报到的日子，我和黄县一起来的同学石良国快速办理了手续，被告知画室在三楼，急忙爬到三楼找到305画室，一个靠南边朝阳的地方，外有阳台开放式长廊，打开画室门，没有别的同学，等了不长时间，才看见报到的同学陆续都来了。

班主任王永国老师，为我们一一介绍了学校美术教研室主任张延奎、副主任王德力，素描、水粉、油画、速写、国画各专业任课老师王兴义、郭淑玉、范美玲、李桂笙、孙京涛，聘请名家孙景波、杨松林、鹿逊理、袁大仪等老师。

同学们简单做了自我介绍后，班主任王永国老师推荐石良国任班长，于是，我记住了鲁彦文、杨治国、赵鹏飞、史振东、阎香君，烟台市话剧团进修走读生王加璐，还有一位同学王强没报到。大家一看都笑了，清一色英俊潇洒的酷男"帅哥"，九人中没有一个女同学。王永国老师如是说："这样也挺好，我们以后出去写生方便多了……"

晚上画室内，四排日光灯亮得刺眼，"镇流器"的吱吱声打破了寂静，门里门外挤满了前来看新报到的同学。因为三楼有话剧、声乐、吕剧、京剧、舞蹈班的教室，还有一个上公共文化课的大教室，所以来三楼上课的同学特别多。

那一年，唯有我们是新生，而且全是大小伙子，年龄比其他班同学都大一点，引起了大多数师姐的评头论足，让她们更多了一份好奇和芳心的流露。79级吕剧班黄县师姐孙钰、杨景华，还有蓬莱宋春丽、张娜说："我们自古蓬黄一家人，你们有什么尽管说，我们可以帮助完成。"并留下了宿舍联系方式。

我和同学们回味着刚才师姐们温情的话语，有说有笑，离开了教学楼，经过坑洼不平的操场，步行一小段陡坡，回到了简陋的宿舍区。

白天报到后，宿舍被分配在"凹"字形的大院内，一处低矮的两间平房，十多平方，屋顶苇子笆，地面是水泥，窗户透风散气，有几块玻璃碎了，塑料布钉在上面遮风挡雨，秋后的西北风吹得窗户有节奏地"呼啦"着。靠墙边放着四张新配置的土黄色上下铺木板床，每人一张小方桌柜，墙面上还留有一些水墨画和宣传画的装饰杰作。

一天下来，同学们很快就熟悉了，不再有陌生感，热情洋溢地交换分发从老家带来的海阳白黄瓜、莱阳梨、黄县肉盒、面鱼、酥皮火烧、乳山板栗、文登大花生、西洋参等土特产，同学们说着听不太懂的地道家乡话，欢天喜地品尝各自家乡的美食，如过大年一样，高兴得都睡不着觉。

我坐在靠门的下铺大声说："各位同学，咱们是第一天来学校报到，也是我们人生一个新的转折点，大家一定都非常高兴，不妨一起到下面虹口路小饭店'撮'一顿，庆祝一下好不好？"提议顿时得到了班长石良国和其他同学的积极响应，大家拍手称快。于是，从半山坡飞快地冲了下去，我们来到了虹口宾馆对面的"喜同乐"饭店。

进门后，大厅内传来了邓丽君柔情似水的《甜蜜蜜》，歌声飘过，伴着优美动听的旋律，带给同学们的不仅仅是余音绕梁婉转动听的歌声，还有深深想家的味道。

一个靠窗视野开阔的地方，硬木餐桌上档次，红色软包椅子挺讲究，服务员穿着紫红色套装热情地过来点了菜，同学们围坐在一张长方餐桌上，开始一起吃着炒辣蛤、海带丝、炒豆腐皮、芹菜拌花生米，还有"烟台焖子"，每人用"罐头瓶"大口喝着"炮弹"装着的散啤酒爽快极了。余兴未尽，不知哪一位同学想起了学校规定，十点前学生必须要返回学校，有老师进行查岗。

东郊的夜晚，虹口路霓虹灯闪烁，"大通道"1路公交车时不时从身边飞驰而过。夜的秋风吹拂着酒后发烧的脸庞，同学们手牵手、肩并肩兴奋地高唱张雨生《大海》的歌声划破了寂静夜空，临街小商店的老板娘探出头来四处张望，惊恐得不知道发生了什么事情。

沿着福山路北口迎坡而上，我和同学们躬身向前，一路小跑，热得满头大汗，气喘吁吁地跑回了宿舍，庆幸的是赶在了老师查岗之前。十分钟后，学校教务处的于广济主任又来了，他和我们平易近人地唠了一会儿嗑，用眼睛余光扫视了一圈，问："你们班有没有牟平老乡？""没有。"班长石良国如是说。于广济主任听后有点失望，"你们早点休息，明早别睡过头忘记早晨跑操。"说完转身又到别的宿舍检查去了。

拿着脸盆，我去院内水池子接水洗了把脸，遇到几个别的宿舍同学，打了一声招呼。回宿舍看见有些同学累得倚在床头，有些同学叉开双脚蹬在床尾、手一字平放呈"大"字形仰面躺在床上。你一句，我一句，酒后吐真言，嘻嘻哈哈，欢声笑语，吹着"牛"诉说着各自的心事和理想。

热闹声中，忽然听到一阵急促的敲门声，我匆忙从床上爬起来，摸黑拉灯打开门，看见门前站着两个人身穿蓝色带白条针织练功服，用黄县话自报家门，说是79级吕剧班师兄吕安奎和81级乐队王金亭前来看望老乡。我和石良国、史振东惊喜地与师兄寒暄过后，几双男人的大手用力地紧紧握在一起，此时无声胜有声。两师兄眼看时间不早了，三言两语道别后，宿舍又恢复了黑暗中的宁静。

宿舍离烟台第一海水浴场很近，穿过海军航空学院的大院就是，夜晚带有海腥味的海风徐徐吹来，有海浪不间断的咆哮声。我有些想念父母亲，毕竟是第一次离家独立学习生活。过了不多一会儿，又从上铺传来了梦呓，而后，一阵紧似一阵的打呼噜磨牙声，还有闹钟嘀嗒的声音交叠在一起形成了"蜩螗羹沸"的变奏曲。

夜不能寝，数数灿烂星星，背背唐诗宋词，漫漫长夜何时才天明。

第二天清晨，同学们换上运动服，6:30去操场教学楼大门口集合点名开始跑早操。领操的王芳老师从烟台师范学院刚毕业，分配来学校当体育老师。我们班同学两人一行纵四排整齐列队，被王芳老师安排在跑操队伍的最前列，我和班长石良国在班里九个人当中的个头最高，理所当然成了"排头兵"，领队高喊着口号"发展体育运动，增强人民体质"，以飒爽英姿崭新面貌接受了全校师生的第一次"大检阅"。

早操后，我们奔回宿舍，洗漱完毕，一起去了画室，看书的看书，画速写的画速写。清晨的阳光透进了画室，就这样按部就班地开启了入学后第一天的学习生活。

二

有人说，画画是一种心境，一种心情的流动。我喜欢抛开尘世的喧嚣，一个人静静待在画室观察事物，感受自然，这样离自己的心更近，用心去聆听大自然涌动的勃发生机，用心去感受那一缕光、一片景、一抹靓色。

记得在即将毕业时，需要一架照相机搜集素材，搞油画毕业创作，便写信告诉了父亲。当时，父亲在村办线路板厂跑供销，二话没说从黄县老家赶到烟台，再坐绿皮火车来到上海，花了三百余元买了一架"120"海鸥牌照相机。

当年，照相机可算是奢侈品了，人们一年的工资都买不了一架照相机，父亲的舍得，源于对我深厚的爱。父亲在上海买完照相机未曾过夜又赶回了烟台，急匆匆地把照相机亲自送到我的手里，看到父亲疲惫的样子，我感到既惭愧又心痛，杵在那里竟然不知说什么好。

父亲擦了把脸上的汗水，只说了一句饱含深情的话："儿啊，只要你有出息，需要什么就告诉我一声，只盼你将来出人头地，我和你妈也就放心了。"父亲说完没吃上一顿饭，就匆匆步行到车站坐车回家了。我望着父亲的背影，潸然泪下，遗憾的是没有和父亲在一起好好吃上一顿饭，直到现在想起来都感到内疚和自责。

当我送走了父亲，小跑步把照相机带回画室时，同学们都爱不释手，欢呼雀跃，为我有这样的父亲而骄傲和自豪。这架照相机也是我们班唯一一架照相机，它成了大家的珍爱。想着父亲大山一样远去的背影，看着墙面上到处贴满了创作的手稿，我开始用满腔热血创作巨幅带有生命律动的《栅栏》《命运交响曲》油画毕业作品。

每一次油画创作都需要灵感，有时需要等待。找不着感觉时，我就挥动油画笔找到最初打动我创作那一刻的冲动，使我增强了《栅栏》《命运交响曲》为之心跳的创作欲望。有了灵感时，画布上任由油画笔恣意而为，淋漓尽致。我体味过凡·高心中燃烧的火焰，这种心境是自然的表观，它来自生活的真实感觉。

《栅栏》展现了秋后的农村生活气息，一条盘坐的狗，一个半开的栅栏，一座土坯的民房，远处山峦迭起，柿子红了，秋意正浓的景色。那一簇簇的柿林，泛出耀眼的光芒，那是柿林晚秋的影子，点缀了留白，整个暖色调，仿佛让人们走进了世外桃源。

《命运交响曲》表现了贝多芬在这首结构宏大的曲子里注入的永不屈服的毅力，震撼的音符怒吼着向命运反击人生的坎坷。画面中，黑色五色梦幻的背景，一袭红衣长发少女，舞动着双手，激情奏响了人生多舛命运交响曲。

一袭红衣长发少女模特原型是比我晚一届的84级美术班的师妹宋蕾虹，她大高个，阳光、开朗、活泼，回眸一笑百媚生，楚楚动人。我约好了时间，用父亲买的这架"120"海鸥牌照相机，在她于练功琴房弹奏钢琴时抓拍了一百多张不同视角表情和演奏手势的素材照片。

两个多月后，等我完成油画创作时，师妹宋蕾虹吃惊地对我说："师兄，您这幅油画作品如此栩栩如生，是一幅完美的画作。都快把我画活了，有种感觉，演奏完了，立刻起座想从画面中走下来。"

听后，我非常开心地笑起来，同学们闻声也都扔下画笔，放松一下紧张疲惫的创作心情，手舞足蹈地围了过来，琢磨这幅油画的创作意境。"师兄，我想在这幅油画前，拍一张照片留作纪念，好成为我摆在桌面上的风景。"

我迅速按下了"120"海鸥牌照相机的快门，"咔嚓"一声，瞬间定格了她人生命运交响曲的永恒主题。

如今，父亲已去了天堂，我仍然把父亲买的这架相机视为自己的生命、一生弥足珍贵的最爱，它使我事业走向了辉煌。夜深人静，每每想起父亲无声的爱，泪水如山涧溪流的水，奔涌而出。一声压抑的哭声，重重地从胸腔里喷了出来。

三

2019年5月，一个"520"特别有爱的大好日子，同学王金亭的儿子结婚，烟台艺术学校的三十多个同学，从烟台赶来龙口参加婚礼，看到有好多同学，几乎三十年没有见过面。

在恒茂酒店婚礼现场，我和老班长石良国与前来的同学们相拥握手。

房间内，热闹非凡，男女同学相互合影留念，你一张，他一张，发到同学群。三十年后，仔细看，一个个熟悉的陌生面孔，脸上有被岁月雕刻过的痕迹。

席间，有一位女同学动情地分享一段学生时代，没有修成正果的青涩爱情故事。

时光，回到三十年前。校园内，操场上踢足球的同学好多，付敏和田野穿过人群，从匆匆投来的深情一瞥中，窥见了心有灵犀一点通，那匿藏爱情的躁动。

毕业前夕，声乐班的付敏，终于鼓足勇气，写了一封长信给美术班的田野，邮票还是一幅海景名画，付敏骑着单车去了郊外的金沟寨，从邮局寄给了田野。

信里边，一个少女缕缕缠绵的情思。等待着爱的付敏等来的却是长长的沉默。别了我亲爱的田野哥，你泯灭了一个少女温馨的相思梦。

付敏悄悄哭了一夜，要求学校将其分配到远离田野的一座城市。

许多年后，付敏和田野都成了家。同学们相约三十年后于烟台聚会，在老师家里不期而遇。付敏和田野呆呆地望了许久，田野还像姑娘一样腼腆，付敏问一句，田野答一句，不肯多说一句话。心虚吗？付敏在想，田野太狠心了，连信也不回一封，太过分了。

闲谈中，一位也在老师家的校友内疚地说起一件事：刚进校的那一年冬天，他去传达室取信，发现有位同学的来信上有一枚漂亮的邮票，他想撕下来收藏，结果撕破了信封。他害怕地将信扔进了下水道。那个年代，年轻人总会做出一些蠢事。

那是一枚什么邮票？付敏急切地问。校友说，邮票上是俄罗斯油画大师艾伊瓦佐夫斯基的杰作《九级浪》，付敏瞬间惊呆，"啊"了一声。正在这时，田野的手机，响起了迪克牛仔《有多少爱可以重来》的歌曲铃声。

付敏听后，泪流满面。

如歌的岁月，唯美的爱情，有多少人愿意等待。当懂得珍惜以后回来，却不知那份爱是否还在，有多少爱可以重来，有多少人值得等待，当爱情已经桑田沧海，是否还有勇气去爱。讲述爱情故事的女同学自言自语说："这就是阴差阳错的命啊。"

付敏掏出手机，划开屏幕找到截屏，给还沉浸在浪漫故事里没有回过神来的女同学观看。

"付敏：我是田野，三十年后再相见时，爱的点点滴滴，一如你，一如我，我和你一起走过学校美好生活的日子，有你的爱，我感觉真好。那片蔷薇花绽放的最美花季，我选择了逃避却悄然地离去，才错过了人生最美的时节……"

田野似乎习惯了等待，单纯得以为等待爱情就会到来。但却在等待中错过了，那些可以幸福的幸福。在失去时后悔，当初为什么没有抓住？其实，等待本身就是一种错误，明知道等待着一份不知能否到来的幸福。

寻寻觅觅的人生尽头，我发现爱情并不是以往"梦里寻他千百度，蓦然回首，那人却在灯火阑珊处"的喜悦。

在美好的学生时代，有一种快乐的心情，叫作永远心晴。有一段青涩的恋情，叫作刻骨铭心。像一首真善美的情诗，爱的往事，柔曼而隽永，使生命愈加丰盈生动，让我们同学珍惜在一起的时光。人生最难的不是相遇，而是重逢后《我只在乎你》的那首歌。

蓦然回首，恰同学少年，往事已是秋。曾经的一切，仿佛还停留在昨天。我轻捻时光，用虔诚的心，回想起那些曾经游走于光阴下的校园故事。

作者简介：中国散文学会会员、山东省散文学会理事、山东省散文学会龙口创作之家秘书长、胶东散文年选微刊平台副主编，《齐鲁晚报·齐鲁壹点》"青未了"副刊签约作家。散文《老宅花季的故事》选入《当代散文》《海外文摘》《川鲁散文名家作品选》，并获"黄海数字出版社《胶东散文年选（2020）》最佳作品奖"。散文《山魂》《家的味道》《无畏的使命》《芝罘记忆》发表于人民日报（人民数字）。

胸怀大义孙墨佛

孙慧铭

"卢沟桥事变"后，应景梅九、焦子静等同盟会诸老友的邀请，五十四岁的孙墨佛先生决定复出，铤而走险，只身奔赴南京，振臂疾呼抗日。其时，他已寓居北平拜清史馆馆长柯凤荪及清史馆总编纂王晋卿为师习文史多年，期间也常与夏莲居居士研易参禅，清净身心。

作为辛亥革命的参与者，一身抱负的孙墨佛先生之所以会隐居京门，还要从二期北伐后的"中原大战"说起。

1928年，应主豫的冯玉祥将军邀请，孙墨佛在河南创办"民权县"后，1930年，又出任禹城县县长。时中原大战爆发，他与国民党元老李根源和创建尚志社的民主革命者王鸿一一起，斡旋反蒋。战争结束，国民党内反蒋派的扩大会议和张家口抗日先后流产，"国力之疲，已如风前之烛"，对时局发展失望至极的孙墨佛，便一心从事著述编纂工作，不再问政事。而这次接到老友的函邀，又激起了他曾作为辛亥志士的那种民族大义。这就如他在《怀老友郓城王鸿一朝俊先生》一诗中所说的那样："胸中抱负乾坤器，不会风云太不平。"国家有难，挺身而出，当是义不容辞。

孙墨佛到达南京后，又溯江而上，经皖、苏、赣、湘、鄂、豫等，跋涉迂回，一路呼吁全民一心、鼓动各方联合抗日，几个月后到达西安，与山东同乡和故交刘子衡先生会合。

经史学家刘子衡先生是著名的爱国民主人士，"七七事变"前，在庐山见过蒋介石，当时蒋询问他救国之策，刘子衡毫不犹豫地回答："联共以抗日。"

为宣传抗日，刘子衡广交社会著名学者，与蔡元培、闻一多、老舍等人经常来往，又利用给林森、冯玉祥、胡宗南、顾祝同、王耀武、何应钦、白崇禧等国民党军政要员讲课的机会，积极宣传团结抗日的主张，揭露反动势力的投降阴谋。

孙墨佛与刘子衡志同道合，交往甚密。从1981年孙墨佛所作《追悼老友刘子衡先生》五律诗中，可见他们之间的情谊："噩耗断瑶琴，失声恸在心。常张言在耳，怀旧泪盈襟。悲歌孤鹤唳，痛哭老龙吟。天开文运日，何处访知音。"知音者，因先秦时善弹的俞伯牙和善听的钟子期而来。后子期去世，伯牙再不弹琴，因为没了懂得的人。孙墨佛此诗中"噩耗断瑶琴"，正是借此典来表达他们高山流水的知音之情。

又据雨汀先生2005年发表于《人物春秋》杂志上的《怀念辛亥革命老人孙墨佛》一文中称："孙墨佛虽长刘子衡18岁，但孙极佩服刘，称之为'刘先生'，刘则尊称孙为'大哥'。"可见他们的这种感情，除了学识上的相惜，更多的是思想上的相通。

这次在西安，二人更是风雨同舟，形影不离，共同宣传抗日，强烈反对内战，直到新中国成立前夕。

也正是在到达西安后不久，孙墨佛见到了时任八路军驻陕办事处党代表、从事统一战线和对外联络工作的"中共五老"之一的林伯渠先生，地点是在景梅九先生家中。

景梅九和孙墨佛一样，都是中国同盟会的早期会员。1923年在中国国民党改组会议上，景梅九就率先表明坚决拥护联俄、联共、扶助农工的三大政策。后见国民党政府日益腐败和反动，也于1930年愤然退隐家园，纂修县志，创办国学社。抗日战争爆发后，中共组织决定在西安办一份民间报纸，以利于宣传团结抗日路线，便邀请景梅九出任社长，复刊他于1911年创办的以"赞助真实立宪""提倡爱国精神"为宗旨的《国风日报》。

这次复出，对于民族和国家的未来，孙墨佛其实是抱有很大希望和憧憬的，在与景梅九相谈时，他曾以"渤澥无涯浪拍天，康乾盛世在樽前"展望过。同样，孙墨佛与林伯渠先生的这次相谈也甚融洽，临别之时，林伯渠邀请他方便时可去延安看看。无奈时势所限，终是没有成行。后来孙墨佛在《长安会林伯渠先生一夕话》一诗中，表达了对此事的惋惜之情，诗中说："满院西风躁晚鸦，长安一话在谁家。当年不作延安客，辜负先生太觉差。"诗后有记："事记西安景梅九先生家违林伯渠之约。"

逗留西安的1940年，听闻张自忠将军在襄阳与日军战斗中不幸殉难后，孙墨佛写下了《悼张自忠将军殉职》二首，其中有句"八年抗战全盘计，如此英雄有几人"，充分表明了他对将军的敬仰之情和对各方联合抗敌的愿望。

抗日战争期间共赴国难，抗战胜利后，孙墨佛与刘子衡又一道投入反对内战的斗争之中，这就有了后来二人在徐州遭特务枪击的事。

先是抗战胜利，蒋介石挑起内战，二人受中国民主促进会主席李济深的邀请，由西安至徐州，晤谈反美反蒋制止内乱问题，并到驻军当地的顾祝同部游说放弃内战，又去劝说济南的王耀武走和平建国之路。

值得一提的是，在徐州期间，适逢地方为张自忠将军举办"殉国纪念大会"，墨佛先生受请又奋笔为将军写下了"乾坤正气平三岛，海岱雄风震十洲"的挽联，字字豪迈，句句大气。

1946年秋，孙墨佛、刘子衡等再次前往济南见王耀武。席间王耀武以好酒款待，墨佛先生嘲笑道："你这是什么酒？莫非民脂民膏吗？若是，我则不敢喝。"王耀武听后，脸上忽白忽红，很不自在。当时任国民党山东省党政军统一指挥部主任的王耀武已加入内战的行列，并于当年10月底出任山东省主席。就是在这一个月后，王耀武赴南京述职时，刘子衡写出了那篇著名的《打不得九论》。

这篇阐述反内战的文章最早全文发表在《山东公报》上，又相继被《大公报》、新华社等转发，因此在全国引起了轩然大波。当时正在上海为争取和平民主、制止内战进行复杂艰巨斗争的董必武先生，亲自派专人携函前来表示赞许。同时，《打不得九论》也惹怒了南京政府。此后，刘子衡与孙墨佛就一直被国民党反动派的特务跟踪。

1948年2月24日夜，已返回徐州的孙墨佛和与刘子衡正在云龙山招待所休息，忽遭国民党特务枪击，多亏卫兵们奋勇反击，特务仓皇逃去，二人才幸免于难。中共华东局闻讯后，曾特地派人登门慰问。"八载御寇抗东胡，云龙扼遭鬼揶揄。深幸我与衡公俱，一时风声遍三徐"，事后，孙墨佛在诗中如是说。当时的险恶和其为了民族统一大业的大无畏精神，可见一斑。

或许谁都不会想到，仅仅过了七个月后，王耀武就在济南战役中被俘，成为功德林战犯管理所接受改造的一员。而此时的孙墨佛先生，出任民革中央团结委员会委员，继续致力于祖国统一事业。

1959年2月，王耀武成为第一批被特赦的战犯之一，被安排为全国政协文史专员。1964年冬，又被特邀为全国政协委员。

一次在政协的学习会上，孙墨佛与他的两位"老对手"相遇。一位是中国历史上最后一个皇帝溥仪，他是青年孙墨佛参加辛亥革命推翻的封建社会的代表；另一位就是多年前不听他"停止内战"劝导的王耀武。

会后，三人把酒小酌，孙墨佛当场赋诗一首相赠："相逢对话真如梦，醉酒漫谈前半生。"可谓前事如烟，老对手相逢一笑泯恩仇，新中国如愿成为了工人阶级领导的、以工农联盟为基础的人民民主专政的社会主义国家，他们也成为新中国统一战线上的老朋友。

孙墨佛1884年出生于山东莱阳穴坊西富山村，原名孙鹏南，又名孙巍。其父为当地的通议大夫，为人善良，乐于助人，在乡里很有威信，被乡人誉为"孙善人"。

1908年，二十五岁的孙墨佛见国事日非，遂放弃学业，经早期民主革命志士、安丘人刘大同先生介绍，加入中国同盟会，为推翻清廷，追随孙中山先生奔走革命，足迹遍十八行省，参加策动过山东省独立，讨袁时他任北方护国联军总司令部秘书主任，陈炯明炮轰总统府事件中，任军政府海军舰队司令部参议的他，事先得到情报，因此智救过孙中山，反蒋、抗日、反内战……一路风雨，一路浩然。笔者曾撰过一联，描绘这位同宗前辈一生的经历和大义："排满讨袁反蒋，正气三朝，风雨关山千里路；吟诗挥墨参禅，雄文百载，英豪肝胆一生情。"

1952年6月，由周恩来、董必武举荐，年近古稀的孙墨佛被聘为中央人民政府政务院文史研究馆馆员，他安心著书吟诗，研究书法，直到逝世。生前，他把自己的墨迹珍品捐赠给全国许多文化单位，为国家和人民留下了大量的宝贵财富。他写过的"还我河山息劫尘，当年租借更无因"，表达了对香港回归的期盼；而"解放乾坤人类福，三千世界尽欢颜""大公处事无论比，自古到今第一人"，则是对毛泽东、周恩来两位伟人的敬仰；"樽前放歌新天地，世界三千入大同"，更是对祖国的美好祝愿。

墨佛先生一生刚直不阿，豪迈任侠，且深具民族大义，交际广泛，除了以上人物，他与蔡公时、傅作义、邓天一、方振武、王驾吾、梁漱溟、张大千、齐白石、梅兰芳等民主人士也多有交往。1981年"辛亥革命七十周年纪念筹备委员会"上，他受到人大常委会副委员长邓颖超的接见。曾在一百零三岁时，欣然为改革开放的总设计师邓小平八十二岁生日题写寿联："美化乾坤新世界，安排宇宙大家庭。"一时传为佳话。

1987年9月5日，孙墨佛先生以一百零四岁高龄在北京逝世，当时中央文史研究馆馆员、诗词大家孔凡章为其作挽联一副：

早历桑沧，亲看时代风云，自晚清、洪宪、民国，至华夏中兴，阅三万八千朝夕；

晚归槐苑，回忆平生踪迹，以文人、幕府、书家，享椿年上寿，凡一百零四春秋。

这副联文字精练、情文并茂。上联以孙墨佛先生百岁人生经历三朝的时段为序，下联对应孙墨佛在各个时期的身份，很确切地概括了这位"辛亥革命老人"不平凡的一生。

随后，其家人又把他的书画作品千余件及家藏书画精品百余幅陆续捐赠给故乡山东。同时，济南大明湖南丰祠内"剑门书画馆"的开馆和半身铜像的落成，都是为了纪念这位从莱阳乡间走出的、可歌可泣的"辛亥革命老人"传奇的一生，当然也包括他那种"欲信大义于天下"的风度。

作者简介：中国散文学会会员，山东省作家协会会员，烟台市作家协会理事，烟台市芝罘区楹联家协会副主席兼秘书长。

空山新雨后

李文博

庚子初夏，清晨的一场大雨把昆嵛山冲洗得千峰竞秀、万壑流翠。

骤雨初歇，远眺昆嵛，山色空蒙，烟雾飘渺，云蒸霞蔚。此时的"烟霞洞"，烟霞明灭或可睹，再看"泰礴顶"，已是烟岚云岫信难求，正可谓"神清观"里说神清，"无染寺"里叹无染。大雨过后的昆嵛山，如梦如幻，堪与仙境媲美，与海市比肩。

一

踏着雨后湿润而不黏滞的泥土，吸着负氧离子超高的清新空气，烟台市新时代文明实践文艺志愿服务队一行十六名队员悄然走进了昆嵛山国家级自然保护区，他们是"中国文艺志愿者服务日"的践行者，他们是带着文艺惠民的使命而来。到达目的地后，这支队伍即兵分两路，分头展开活动。书法家、美术家们留在党群服务中心，饱蘸深情，挥毫泼墨进行现场创作，为驻地人民群众献上精心创作的艺术瑰宝；作家、摄影家们则继续前行，沿着蜿蜒的山路深入昆嵛山腹地，展开创作采风活动。

在神清观、烟霞洞和岳姑殿等地，作家们细心观察，认真考究，用眼睛去捕捉白云苍狗、草叶垂露，用心去感受青山不老、岁月永恒；摄影家们则用"长枪短炮"一通猛"扫"，把美轮美奂的昆嵛山尽收"囊"中。

莽莽昆嵛山，峰峦叠翠，林深谷幽，逶迤百里，横亘烟台、威海两地，主峰泰礴顶九百二十三米，为胶东半岛东部最高峰。昆嵛山水源丰沛，到处泉水叮咚，溪流潺潺，是周边四大河流的发源地。山中空气负氧离子含量极高，是胶东半岛难得的一处森林氧吧。昆嵛山林场资料显示：昆嵛山国家级自然保护区分布赤松天然林一万一千五百四十六点三公顷，是我国分布面积最大、保护最为完整的地带性针叶林，庞大的森林生态系统每年在涵养水源、保持水土、释放氧气、固化二氧化碳、分解二氧化硫、滞留大气尘埃等生态功能上，创造的直接生态价值不可估量。可以说，昆嵛山是上苍免费"安装"在胶东大地上的一台超级天然"空调"，时时调节着这一方水土的四季冷暖，日夜佑护着这片土地上的风调雨顺。

"青山不墨千秋画，绿水无弦万古琴。"昆嵛山以天地大美横空出世，更以人文历史傲立鲁东，其既有"坐啸云中观古今，一山引领万山辟"的旷达豪迈，又有"厚德载物昭日月，更放清流济远民"的包容情怀。《十六国春秋》里称昆嵛山为"海上诸山之祖"，传说中的蓬莱、瀛洲、方丈三座仙山均由昆嵛山衍生而出，这给武陵源般的昆嵛山披上了一层神秘面纱。据考证，春秋战国时期，昆嵛山就已成为方仙术士聚集布道之地，齐威王、齐宣王、燕昭王都曾派使者来巡视过。秦始皇先后三次东巡昆嵛山，寻长生不老之药，留下"龙石晒字"的人文传说；汉武帝更是和昆嵛山有着不解之缘，他年幼时曾被封为"胶东王"，登上帝位后，曾数次东临封地巡幸昆嵛山祀神觅仙，这更增添了昆嵛山的神秘色彩。

作为"海上仙山之祖""中国道教全真派发祥地"的昆嵛山，古往今来，不可计数的僧家道众和文人墨客纷至沓来，或传经布道，或吟诗赋画，形成了独具一格的"昆嵛文化"。昆嵛山又是胶东人民革命的摇篮，著名作家冯德英著写的《苦菜花》《迎春花》《山菊花》三部长篇小说，为壮美昆嵛山锦上添"花"。

二

如今，置身昆嵛山，依然可寻烟霞洞、神清观、岳姑殿、无染寺、九龙池、圣旨碑、丘处机手书石刻以及"一一·四暴动策源地"等珍贵文物古迹。

"古洞无门掩碧沙，四山空翠锁烟霞。"烟霞洞，是由半山间一巨型岩石自然造化而成，洞室呈椭圆形，高三米，深七米，僻静清幽，藏风聚气，历来为道人居士潜心修炼、讲道阐玄的绝佳之地。洞内供奉着"七真人"雕像。据《元史》记载，公元1167年，咸阳道士王重阳自终南山东下至昆嵛山，修真于烟霞洞，并先后收马钰、丘处机、谭处端、王处一、郝大通、孙不二（女）、刘处玄七人为弟子，号称"北七真人"。他们以此为中心，在宁海（牟平）、文登、福山、莱州等地传道，创立了道教中的一个全新的宗派——全真道，亦称全真教，世称七弟子为"海上七真人"。烟霞洞也即成为创立全真道教的"洞天福地"。每逢阴雨天气，洞口云雾缭绕，时有霞光闪现，烟霞洞真乃名副其实也。

1153年，东牟彭城先生在烟霞洞下五百米处修建一座宫观，名全道庵。经金、元、明几代相继增修后，1206年，长春真人丘处机乞请朝廷将此庵命名为"神清观"。

全真教主张儒、释、道三教合一，以《道德经》《心经》《孝经》为主要经典；其修炼要旨是清静无为，去情去欲，修心炼性，养气炼丹。以含耻忍辱为内修真功，以传道济世度人为外修真行。功行两全，证圣成真，谓之"全真"。全真派在元以后发展的支派很多，其中以丘处机所开创之龙门派最为隆盛。

史料记载，"丘处机（道号长春子），登州栖霞人（今烟台栖霞），年十九为全真道士，师事王重阳。元太祖十四年（公元1219），成吉思汗遣使求之。"在这之前，金宣宗和宋宁宗曾于1216、1219年分别于汴梁（今开封）和临安（今杭州）召见丘处机，丘处机认为金朝有"不仁之恶"，南宋有"失政之罪"而推辞不往。这次成吉思汗诏见，丘处机却慨然应命，用他的话说"我循天理而行，天使行处无敢违"。他以七十三岁高龄，毅然率尹志平、李志常等十八弟子于1220年正月从山东莱州大基山昊天观出发，一路传经布道，数月至燕京。不料，成吉思汗军务在身，未及等他，已率大军西征中亚，留言在大雪山等他。于是，丘处机经过休整后，复又西行万有余里，历经三载艰辛跋涉，于1222年初夏终达大雪山（今阿富汗兴都库什山）。一个七十多岁的老人，不远万里，一路跋山涉水，穿越戈壁雪山，风餐露宿，漫漫行程，所受苦罪，可想而知！道家的隐忍在丘处机身上体现得淋漓尽致。丘处机把西行面见成吉思汗，当作一次实现自己济世安民理想的良好契机，在西行途中留下"十年兵火万民愁，千万中无一二留。去岁幸逢慈诏下，今春须合冒寒游。不辞岭北三千里，仍念山东二百州"的诗句，表达了他不辞劳苦，万里西行，欲救百姓于水火的迫切心情。丘处机用真情、信念、毅力演绎了现实版的"西游记"。

一个是清规戒律悲天悯人的全真道士，一个是勇猛彪悍的铁血首领，两个人秉性迥异，胸襟悬殊，能否有谈经论道的机缘，用现在话说就是能否"谈得拢"，丘处机心里并没有底，但有一点他心里是明白的、清醒的，那就是，成吉思汗平定西域后，必回师攻打西夏、金和南宋，到时天下又将是生灵涂炭，哀鸿遍野。因此，他别无选择，只能把个人的安危置之度外了。

在西征军达撒马尔罕行宫，成吉思汗并没因丘处机的"失礼"（不行跪拜礼）而怪罪于他，他走下帅座，张开双臂，用蒙古人特有的礼节迎接了远道而来的尊贵客人。因戎马倥偬，直至秋冬时节，成吉思汗在御帐设庭燎，虚前席，以太师阿海为翻译，三次召见丘处机问道。丘处机向成吉思汗阐述了"道"为宇宙之本源，指出了学道修真之人与凡夫俗子及愚昧之徒的根本区别。当问及长生久视之道时，答以"清心寡欲为要"。丘处机实话告之"世上没有长生之人，但有长寿之人，如能静心修持，皆可寿逾百岁"。成吉思汗问治平之方，则答以"敬天恤民，止杀为要"。成吉思汗沉思良久，对丘处机说："你是唯一见了我没有下跪的人，也是我所遇到的第一个用真诚的语言劝导我的人。你身上有一种神的力量让我信服。"并尊其为"神仙"，给予丘处机一行很高的礼遇。次年春（1223年），丘处机再三请还东归，成吉思汗赐赠虎符、玺书，命丘处机掌管天下道教，并授予全真道士免除一切差役赋税的特权，遣使送还。1224年春，丘处机回到燕京，主持天长观（今北京白云观），燕京名豪富绅一时争相捐赠，修建宫观。1227年5月，就在进攻西夏最紧张的时刻，成吉思汗还不忘传诏燕京将天长观改名为长春宫（用丘处机道号命名），诏书中还提到"朕常念神仙，神仙毋忘朕也"。由此看出成吉思汗对丘处机的重视程度。

丘处机怀揣玺书，手持虎符，在黄河流域大建全真宫观，广收全真教徒，安抚了大批无以为生的流民，免除了他们所承担的苛捐杂税。一时文人、官吏皆以与全真教徒相识相交为荣，其他派别甚至佛教寺庙也纷纷挂起全真旗号。至此，全真教进入了全盛时期。

"儒释道源三教祖，由来千圣古今同。"丘处机心系苍生，在朝代更迭、战乱频仍的年代，洞察时势，从容周旋，拯数万黎民于水火。他靠务实和包容的态度发扬光大全真教，成功走出了一条由"无为"到"有为"、由"出世"到"入世"的传经布道之路，成为北方道教的标志性人物，全真派亦即成为全国道教的一大宗派，在道教的十方丛林中二分天下而有其一，占据半壁江山。

1227年阴历七月初九日，丘处机在长春宫羽化登仙，终年八十岁。巧合的是，三天后，成吉思汗病逝于西夏境内的六盘山，终年六十六岁。同年同月几乎同时升仙，想来两人也算是有缘了。

“万古长生，不用餐霞求秘诀；一言止杀，始知济世有奇功。”白云观丘祖殿上，乾隆皇帝的这副对联对丘处机的人品道行作了完美诠释。

三

昆嵛山作为道教全真派发祥地，历来受到海内外各界人士的广泛关注，烟霞洞、神清观作为“全真祖庭”备受世人景仰。2004年，中国道教协会确认昆嵛山为“中国道教名山”。2007年，牟平籍香港商人杨世杭先生捐资重建神清观。修复后的神清观，恢宏壮观，由三清殿、五祖殿、七真殿、钟鼓楼等组成，雕梁画栋，气势巍峨。 2008年4月26日开光以来，神清观以崭新的气象迎来了一批又一批来自全国乃至世界各地的善男信女的顶礼膜拜，香火日盛。

在神清观寂静的后院里，有一棵名为“松针竹影”的古树，已有一千二百六十多年树龄，成为神清观一处景观。“松针竹影”实为杜松，只因它的叶子像一串串树针垂着，既不像松树也不像翠柏，阳光照射下的影子却是竹叶形状，由此得名。

我们一行数人正在鉴赏“松针竹影”时，神清观住持龚清泰道长迎了出来。龚道长中等个头，道袍飘逸，发髻高挽，神清气闲，颇有几分仙风道骨。那一刻，我脑海中幻化出“只在此山中，云深不知处”的意境。龚道长邀请我们进屋品茶，盛情难却，我们就跟随他来到道长室。道长室是平房结构，室内面积不大，陈设简单，迎门一张茶桌，数把藤椅，边上一组书柜，不远处另有一圈实木沙发茶几，墙上挂有一些宫观制度、文物保护制度、民主管理委员会守则及成员组成，甚至还有民主理财小组、消防安全管理小组等。等大家落座后，龚道长一一给大家斟上茶，由于来访者众多，龚道长不时添茶续水，还时而起身离座给旁边的一圈客人续茶。龚道长说话声音低缓，待客细致不失礼数，给大家留下了深刻印象。

龚道长是湖北十堰人，从小在武当山下长大，并且在武当山习过武。受道教文化熏陶，于1995年拜全真龙门金山派范怀博道长为师，成为全真龙门金山派第二十三代弟子，1997年在泰山碧霞祠出家，之后云游各地习学布道，现定居烟台二十余年。龚道长现任昆嵛山神清观、岳姑殿和莱芜九阳宫住持，还身兼烟台道教协会副会长兼秘书长等职。目前，烟台地区开放的宫观为十一处，其中昆嵛山占三处。从交谈中了解到，道教内部门派众多，明朝以后，道教总体分为"全真道"和"正一道"两大派别，其他门派全部归纳到这两个宗派之下。全真派和正一派的区别是：全真派为出家道士，蓄发须，挽发髻，着道装，住宫观，禁荤辛，戒家室，重修炼，苦心志，秉持盛世隐山门、乱世安百姓；而正一派则为居家道士，他们没有那么多清规戒律，主要以降神驱鬼、祈福禳灾的符箓活动为主。

我呷了一口"铁观音"，问了龚道长两个"很外行"的问题：什么是道，道的精髓是什么？龚道长没急于回答我的问题，而是微微一笑，用手指了指他右侧墙上的一句话：人法地，地法天，天法道，道法自然。我粗略懂得这句话的意思，大意是：人遵循大地的规律，大地遵循天的规律，天遵循客观规律，而客观规律又遵循自然规律。说到底，自然规律才是一切道法的根本规律，这不正是道家思想的核心或者说精髓吗？"自然！"我自言自语地脱口而出，道长微微颔首。道长不吐一字，疑惑尽释，是道长的道术高呢，还是我的悟性高，或兼而有之？我颇有几分得意地暗自思忖。由此我联想到，平时我们所说的"顺其自然"四个字，原来竟蕴含着"道"的智慧，闪耀着道家思想的光芒啊！生活中，我们或都自觉不自觉地运用了道家的哲理去宽慰自己或开导别人，终于明白为什么叫讲"道"理了，原来高深玄奥的"道"，就在我们身边啊。

原本还想问道长如何才能得道，忽觉心头已然明朗，正可谓一悟百悟，一通百通，也就无须再烦扰大师了。

不由得想起了一个关于得道的故事——一行者问一老道："大师，您得道前做什么？"答："砍柴，担水，做饭。"问："那得道后呢？"答："砍柴，担水，做饭。"又问："那何谓得道？"答："得道前，砍柴时惦记着挑水，挑水时惦记着做饭；得道后，砍柴即砍柴，担水即担水，做饭即做饭。"行者顿悟，揖拜而去。

和这故事如出一辙的还有：开悟前，看山是山，看水是水；渐悟时，看山不是山，看水不是水；彻悟后，看山仍是山，看水仍是水。这里说的悟，亦即道也。红尘俗世里的人们，熙熙攘攘，或为名来，或为利往，总是心存过多的虚妄，往往看山想着水，看水想着月；抑或吃着碗里的，盯着盘里的，想着锅里的，惦着人家的，能不累乎？人之所以累，盖八成源自心累。诗僧王梵志有诗云"世无百年人，强作千年调。打铁作门限，鬼见拍手笑。"形象地讥讽了那些明知人生不过百，还处心积虑作千年打算的人，纵有和珅府第，纵有铁打门槛，到头来都与自己无关，徒为鬼神增笑耳。故宫房屋九千九百九十九间半，帝王佳人皆不见；阿房宫三百里，楚人一炬成土泥……"舞榭歌台，风流总被雨打风吹去。"在历史的长河里，一代又一代的人不过是匆匆的过客，百年转瞬即逝，生命无常，金钱、美色、豪宅、名车、权力、名利都是身外之物，即使曾经或正在拥有，也不过是过眼云烟，昙花一现，无论你有多么迷恋，终带不走一丝一缕。有人说，人生苦短，及时行乐；有人说，人生虚无，得过且过。其实，这两种处世观点都有极端的成分，都有悖于"道"的真谛。正确的态度应该是：凡事尽人意，听天命。无愧于心，不惑于情。换句话说，就是：因上努力，果上随缘。得之我幸，失之我命。大道至简，素心即道，是也。

无锡梅园有一副著名的楹联，相传是晚清儒将左宗棠所写：发上等愿，结中等缘，享下等福；择高处立，就平处坐，向宽处行。意思是，胸怀远大抱负、寻求不完美中的圆满、甘愿过普通人生活；看问题要高瞻远瞩、做人应低调处世、做事要留有余地。平淡无奇的二十四个字，浓缩了先贤高明而中庸的人生哲学，蕴含了既尊重自然，又不拘泥于自然的朴素"道"理。

四

受先秦道家遗风之影响，道教十分重视天文学，对天体宇宙极为崇拜与敬畏，主张"天人合一""身国同治"，素有"夜观星象"的传统，通过观察特定星座的亮度变化及星座间的运行规律，测定个人祸福、岁时丰歉乃至军事行动、国运盛衰等。道士住所大多称"观"，这或许与道教"夜观天象"里的"观"字有着一定的关联吧。

在有着数万亿个星系的无垠宇宙里，每一个星系乃至每一颗星星都有着自己精准的运行轨道和严格的运行规律——所谓天法道也；"长相"酷似太极图案的银河系，虽然是拥有约一千亿颗恒星的庞大"家族"，但相对宇宙而言，也不过是一个微不足道的小数点而已；在银河系中拥有水星、金星、地球、火星、木星等八大行星的太阳系，充其量就是一粒尘埃；而上演了数千年人类战争大戏和无数幕人间悲喜剧的地球，竟连扮演一粒尘埃的资格都没有，宇宙何其大也！

在目前条件下，人类尚未"摸"到宇宙的边际，何况宇宙的起源至今仍是一个"天大"的谜。迄今为止，人类所有的骄人的"太空开发""奔月行动""火星计划"等也仅仅是在太阳系的一个小"旮旯"里折腾，而直径为十万光年的浩瀚银河系足以考验人类的"触角"了，更不用说直径在数千万亿光年以上的宇宙了。在广袤的宇宙里，人类应该清醒地认识到自己的渺小，是的，穷尽《辞海》也找不到比渺小更"渺小"的词了。在大自然面前，人类应心存敬畏，有所为，有所不为，倘若不知"天高地厚"地蔑视自然，贪婪无度地开发自然，甚至变本加厉地破坏自然，当某一天大自然忍无可忍时，随便打个"喷嚏"或抖一下"身子"，所引发的 "自然灾害"，就会给人类补上无情的"一课"。

五

下山时，刚才还是晴朗的天空，不知从哪儿"忽"地飘过来几片云彩，雨点不由分说地倾洒了下来，似在留客，又似在昭示——天大地大，我自潇洒。我不由停下了脚步，再回首，矗立于蒙蒙雨雾中的神清观、烟霞洞更显幽远空灵，似披上了一层神秘的面纱，透过"面纱"，我分明看到了一个个大写的"自然"……

于是，很"自然"地联想到了东坡居士《定风波》里意味深长的两句——

竹杖芒鞋轻胜马，谁怕，一蓑烟雨任平生。

回首向来萧瑟处，归去，也无风雨也无晴。

作者简介：中国报告文学学会会员，山东省作家协会会员，山东省报告文学学会理事，烟台散文学会理事，烟台作协副秘书长，《胶东文学》杂志副主编、微刊执行主编。在各类报刊媒体发表散文、通讯、报告文学等各类题材作品八十余万字。

幻化

姜　娜

葡萄，我国最早的文字记载是在《诗经》之《周南》中，"南有樛木，葛藟累之。乐只君子，福履绥之。"葛藟，即为野葡萄之类。这说明早在殷商时期，人们就已经开始食用野葡萄了。相对于野生葡萄来说，我国人工培育的葡萄出现较晚，相传是由张骞西行归来带回大汉的改良品种。这种木质藤本植物，缠绕或攀附生长。叶子宽大呈掌状，依次铺展为绿荫，能够形成架式或墙壁式景观；微风吹过，波澜一般起伏。绿荫下，密密麻麻的葡萄好似珍珠翡翠垂挂，令人赏心悦目。饱满的果粒，晶莹剔透；浓郁的果浆，沁人心脾。葡萄很快就受到世人的喜爱。

元朝郑允端作《葡萄》，夸赞葡萄浓香甘甜的美妙口感："满筐圆实骊珠滑，入口甘香冰玉寒。若使文园知此味，露华应不乞金盘。"这种夸赞直白朴实，并无半点浮夸与做作。而清朝诗人吴伟业所写的《葡萄》："百斛明珠富，清阴翠幕张。晓悬愁欲坠，露摘爱先尝。色映金盘果，香流玉碗浆。不劳葱岭使，常得进君王。"则将葡萄形象地比喻为"明珠"，饱含赞美之情直接将葡萄上升到珠宝的级别，使得葡萄身价倍增。诗人说道，藤上一串串葡萄，好似珍珠般闪闪发亮；绿绿的叶子连成荫，像是撑开了翠绿的幕布。早上的时候，担心葡萄太多，会坠落地上；赶快带着露珠将它摘下，细细品尝它的味道。如此艳丽的果实，如此浓郁的香味，再也不用劳烦葱岭使节奔波前来了。为什么不用劳烦使节前来了呢？"常得进君王"，因为当时中国已有品质优良的葡萄作为贡品进奉皇宫了。

在中国的花鸟画中，画家也惯以圆润细腻的用笔、和谐精巧的构图、明快清新的设色生动地描绘葡萄的风姿。蔓延生长的藤条通常被人们寓意连绵起伏不绝、久盛不衰；累累硕果，代表丰收喜庆、美满富足，寓意着多子多孙，人丁兴旺，十分贴近人们祈盼子孙绵长、家庭兴旺的美好祝愿。的确，如此口感甘甜又寓意喜庆的果品，怎么会不受到人们的喜欢？除了享用葡萄鲜果，人们尝试并逐渐掌握了用葡萄制酒的方法。不过，唐代之前，人们都是将葡萄与粮食混合后加入酒曲酿制成酒，这种酒的口感与今天的葡萄酒是大不相同的，也不能称其为葡萄酒。而世人掌握了比较纯粹的葡萄酒酿造方法，则要从唐贞观年间说起了。大将李靖攻下高昌后，唐太宗将高昌的土地作为西域都护府的基地，人们从高昌府获得了马乳葡萄植株和葡萄酒的酿造方法。从此，葡萄酒制作方法迅速传播开来。

唐代王翰的《凉州词》明确提到葡萄美酒，"葡萄美酒夜光杯，欲饮琵琶马上催。醉卧沙场君莫笑，古来征战几人回？"夜光杯是一种琢玉而成的名贵饮酒器皿，在诗中，葡萄美酒与夜光杯相提并论，其难得程度可见一斑，这使得"酒因杯而质愈显，杯因酒而名更著"。如此名贵的美酒与器皿，想必是要激励将士血战沙场。美酒作用下，将士们"醉卧沙场"，表现出来的不仅是豪放、激荡，也表现了将士们抱定誓死卫国的热情和决心。诗仙李白，爱喝酒，经常是喝到一醉方休。我想，众多的酒品当中，他最钟爱的大概要数葡萄酒。因为他在《襄阳歌》中这样写道："鸬鹚杓，鹦鹉杯，百年三万六千日，一日须倾三百杯。"这位浪漫主义诗人，性情奔放洒脱，天天都沉醉在葡萄酒中。他还恨不得将一江汉水都化为葡萄美酒。他已经做好打算，每天喝三百杯，说是要一连喝上一百年。没治了，这个直爽的酒汉子！李白另有诗曰《对酒》，其中"蒲萄酒，金叵罗，吴姬十五细马驮"，是说女孩子要出嫁了，陪嫁的嫁妆里有什么呢？其中就有葡萄酒和金叵罗。金叵罗是当时一种珍贵的盛酒容器。葡萄美酒和金叵罗一同被作为少女出嫁时的陪嫁物，可见葡萄酒和金叵罗一样珍贵。通过这些，我们可以看出当时的唐朝社会稳定，人民富庶，葡萄酒的酿造已经非常普遍，葡萄酒业得到了前所未有的大发展。

虽然我国的葡萄酒酿造和生产有着悠久的历史，但由于朝代更迭和战乱的影响，我国的葡萄酒生产未能得到持续壮大和发展。直到近代，爱国人士张弼士创办了张裕酿酒公司，中国的葡萄酒业才得以迎来复兴并在新中国得到迅猛发展。

1892年，张弼士通过改良嫁接烟台本地野葡萄建立了大型的葡萄园，并创办张裕酿酒公司。这是中国第一家工业化生产葡萄酒的厂家。烟台地处胶东半岛，南邻黄海，北濒渤海，属暖温带大陆性季风气候。受海洋调节，冬无严寒，夏无酷暑，四季分明，光照充足。这是烟台作为滨海城市、宜居城市的独具优势，同时阳光、大海、沙地，也正是适合葡萄生长、培育出优质葡萄的最佳因素。在适宜的风土下，一棵棵葡萄藤，将天地之精华传递给果实。葡萄长得果穗齐整，果粒大而甘美，具有醇厚的风味。有了优质葡萄做原料，这是生产好酒的第一步。

如果说葡萄酒的秘密在于生长的土地和酿造用的酒窖，那么烟台已经具有良好的地理位置、气候、独特的风土，再拥有优质的酒窖，就相当于拥有成就好酒的全部因素。接下来，张弼士决定在海边建造地下酒窖。由于海水侵蚀给施工带来了难度，这座酒窖曾三次改建，耗时耗力自不必提，终于在十一年后，酒窖得以完工。

深入地下七米，自然恒温，常年温度保持在十二到十六摄氏度，酒窖为培育葡萄酒提供了最理想的环境，为贮藏葡萄酒提供了最天然条件。每年秋天，采收下来的葡萄经过去枝、挑选、破碎、发酵，装桶后在酒窖内静静地进行酿制。酿出的葡萄酒色泽鲜亮，美味浓郁，堪称佳品。1915年，在旧金山举办的美国巴拿马太平洋万国博览会上，张裕公司的葡萄酒作为中国的产品，第一次以国家级的形式出现在世博会上，并一举摘得了巴拿马太平洋万国博览会四枚金质奖章和最优先奖状。中国也第一次因为有了举世公认的葡萄酒而蜚声海内外。新中国成立后，张裕葡萄酒承载着香醇的酒文化，搭建起中国与世界交流的桥梁。1987年在罗马召开的国际葡萄与葡萄酒局年会上，鉴于张裕公司对中国葡萄种植业和葡萄酿酒产业的巨大贡献，烟台被正式命名为"国际葡萄·葡萄酒城"，也是亚洲唯一的一座"国际葡萄·葡萄酒城"。此后的张裕，可谓乘风破浪，连年在国际性大赛中获奖，并将产品成功打入欧洲高端市场。

斟上小半杯葡萄酒，捏着杯脚，逆时针地轻轻晃动，让酒杯带动宝石般的液体沿着杯壁慢慢滑动，很快，酒醒了，那醇香在空气中释放、流淌。

飘荡的酒香中，我们依然能嗅辨出葡萄的果香。汲取了天地灵气，经过了匠人的精心酿造，一颗颗葡萄幻化为美酒闪动着鲜亮的光泽，仿佛向人们娓娓诉说那个神奇的历程。

作者简介：中国散文学会会员，山东省作协会员。作品曾发表于《中国文化报》《山东文学》《时代文学》《威海卫》《山东工人报》《山东青年报》等。

龙 湖 谣

于学一

十几年前，这里还只是一片几乎无人问津的荒山野水。虽然，这片山水如此毗邻小城，但那时，除了寥寥无几的垂钓者会偶尔光顾外，便很少再会引起其他人的注意了。当然，即便这片山水看似平常，并无奇特之处，其生态环境也非自然形成的——倘若没有先前人民公社时期的大兴水利建设，或许，就不会存在这座环绕一周大约十华里的水库，以及因之所形成的这片山水。

实际上，自二十世纪八十年代末，我就开始在这座故乡的小城安居，但直到这片山水彻底脱胎换骨之前的二十多年的光阴里，我一直也不曾对其特别关注过。因为从这座水库的面积来看，其规模虽不算太小，但其总体环境与其他地方的此类水利工程并没有什么特别，主要功能都是为了农田灌溉。故而，其不引人关注便不足为奇了。

倘若一定要论及特别之处，便要说到西南方向与其相临的那巍巍峰峦了。那列峰峦山势秀美，林木茂密，植被丰富，名曰架旗山。相传当年唐王李世民东征高丽途经招远时，曾在此山屯兵架旗，故而得名。又因该处山势地理自然环境的天成与巧合，古时候的人们可凭借其云雾的生发变幻，预判天气的雨晴变化。据旧县志记载："每云起山麓，不三日必雨，父老占候，晷刻不爽。"故其亦名列旧时招远八大奇观之一，谓之"架旗阴雨"。

另据传说，早年间，人们在距此地以西数里外的一座山岗上，修建了一座龙王庙，可刚建成不久的一天，人们晨起后大惊失色——昨天还好端端的龙王庙，一夜之间竟突然不见了踪影！正在人们惊慌失措之时，附近村子有一位早起进山的农人，跌跌撞撞、惊魂未定地奔回村子——他发现架旗山东麓半山腰的平台上，竟凭空出现了一座崭新的龙王庙！得知这一情况后，人们不禁恍然大悟：原来，龙王爷是看中了架旗山这块风水宝地，便一夜之间自行将庙宇迁移至此……后来，又不知经过了多少年的日月晨昏，山脚下逐渐有人迁居而来，年复一年慢慢形成了一个村子，叫作龙王庙下村。

随着光阴的流逝，那座龙王庙也伴随着历史的变迁而几经浮沉与兴衰，于无声处，默默地见证了人世间的沧海桑田……新中国成立后，人们因地制宜，在架旗山下规划修建了这座规模不小的水库，叫作龙王庙下水库。

而出人意料的是，当时光的脚步迈入新世纪的第二个十年后，这片土气的山水，突然迎来了前所未有的井喷式突飞猛进的变化，称其为日新月异，丝毫也不夸张。

首先是象征本地域黄金人文景观的标志性建筑——黄金阁，在这片山水的西北方向拔地而起。

接着，在民间资金的支持下，架旗山上的龙王庙得以在原址上重新修建。

接下来，该区域内的架旗山游乐园，龙湖大酒店，环湖观光带的亭台廊桥、音乐喷泉、音乐广场、观光栈道、环湖路、桃花岛及彩虹般飞架南北两岸的观光长桥等，一系列景观景点主体工程，在这片山水之间次第铺展开来。

同时随之推进的，是该区域内的地形地貌改造、园林设计整修、区域绿化美化等一系列配套工程。同时，这片山水也迎来了一个崭新的名字，叫作龙湖公园。

数年后，随着位于龙湖东南山巅又一座象征本地域黄金人文景观的九层宋式宝塔——金塔，及塔前广场的正式竣工，宣告本地域范围内有史以来占地面积最广、投资规模最大、自然与人文景观融合形式最多样化，集观光游览、休闲度假等功能于一体的综合性景区，全景式展现在世人面前：那碧波荡漾的湖面，那廊、桥相衬的巧构；那花红柳绿的美景，那塔、阁相望的壮观……令这片山水由表及里，焕然一新地散发出无比动人的魅力，在为小城平添了一道绚丽风景的同时，也吸引无数游人纷至沓来……

纵观龙湖公园全景，这种首先以视野开阔的大面积水面为主导，然后采取因地制宜沿岸点缀、精心配置与相互衔接的造景形式，使得总体景观既显得主次分明，又使各个局部景观相对独立和相互衬托，总体给人以"远近高低各不同"的审美视觉效果。

如今，每当来到这里，首先迎迓人们的，便是那一大片视野开阔的悠悠碧波，以及因此延伸而成的风光旖旎的湖光山色。而后，人们无论漫步于亭台廊阁、水榭花溪，还是徜徉于水岸桥头、林间竹径……无处不在的美景，让人宛如置身于一幅徐徐展开的山水画长卷之中，不禁心旷神怡，流连忘返。

记得三十多年前，我参军入伍初次踏上京华大地的时候，曾深深地震撼于那红墙金瓦的恢宏气势，震撼于那碧波微澜与亭台廊阁的相映成趣，震撼于人世间竟有如此动人心魂的良辰美景！当然，我知道，这些非同寻常的皇家建筑遗迹，是经过了许多个朝代数百年乃至上千年的倾力打造，方才得以形成如今这般规模和样貌的。

去年秋天，一位与我同期入伍的战友回乡探亲，他约我和几位在乡的战友，一同去龙湖公园闲步。漫步其间，谈及往昔，我们不禁感慨万千。说得兴起时，我不无自豪地指点着那些山水和景观说：无论如何也未曾想到，三十多年前，我们在京华初见的那些京都所独有的景致和景观，如今竟会在我们这般偏远的小城出现！而且，这一状况并非特例，全国各地类似的情况比比皆是，早已是人们司空见惯的事情了。

这位京华的战友因工作的关系，曾先后到访过许多个国家和地区。他则更加心有体会地说：自己目睹过世界的许多地方，但若论这些年的经济发展，我国的发展速度的确是可圈可点的，这是任何人都不可否认和忽视的……的确，近些年我国经济飞速发展，社会日益繁荣，虽然我们不能妄自尊大，但更不必妄自菲薄。以我们漫步其间的这片迷人的山水为例，其不正是时代发展与繁荣的见证和缩影，以其这般毋庸置疑的广阔和靓丽，熠熠生辉地展现在我们的面前吗？

我还记得十年前，我曾跟随一个旅行团，前去观光了澳大利亚和新西兰的悉尼、墨尔本和奥克兰等城市。那时，我曾惊讶于那些异域发达国度的人们，对于当地自然景观的充分利用和严格保护，也惊诧于那些城市环境和自然风光的优美。我记得我们一行抵达奥克兰时，前来接机的那位杨姓导游曾自豪地对我们说：来到了这里，各位在拍照留影的时候，就不必为选景而费心了，因为这里到处都是美景……在我们接下来的观光中，也确实证明杨先生所言不虚。然而，我知道，纵然是再优美的风光，倘若没有深厚的历史与文化积淀的加持，也难以放射出深层次的魅力和光芒，而难以给人以强烈的心灵震撼。与此相反，在我们这个源远流长的文明国度，无论何时何地，随便哪一片山水，无不留下过古代先贤们从容行走的身影，以及他们所创立的丰功伟绩——那些远去的时光中的一代代优秀儿女，恰似历史的天空中永远闪烁的星辰般，日夜映照在我们的每一片国土上。在龙湖公园的金塔广场，多少次我拾级而上，依次瞻仰着那些因各种不朽业绩，而跻身于史册中的先辈乡贤们的画像，心中不禁一次次莫名地感动起来——哦，究竟是这片山水因你的名字而有幸，还是你因这片山水的养育而有幸呢？或者，经过时间的沉积和岁月的沧桑，你的名字，早已与这片迷人的山水融为一体，如今已分不清究竟你是这片迷人的山水，还是这片迷人的山水就是你了！

古语有云："后之视今，亦犹今之视昔。"漫步在这如诗如画的龙湖之畔，置身于这绮丽无比的湖光山色之中，我常想，我们在感叹这片土地景色秀美、吟咏这片土地风光旖旎的同时，是否还应深思和追问——在这片水土的养育和照拂之下成长，我们还应以怎样的虔诚和付出，去报答这片山水的深情厚谊？我们还应怎样不遗余力地沿着前人先贤们的足迹，不惮而前行，为这片迷人的山水增光添彩，为这片美丽的热土唱起动人的歌谣？

　　作者简介：中国诗歌学会会员、山东省作家协会会员、招远市作家协会主席。在《人民日报》《中国青年报》《山东文学》《时代文学》等报刊发表作品三百余篇（首），多次在全国诗歌大赛及文学征文中获奖，作品曾入选《中国诗典》《中国现代诗坛》等多种文学选本，先后出版诗集《灵魂的家园》《岁月流云》《红尘歌谣》，主编《招远文学作品选》《金都文艺》（文学类）《金都文学》（微刊）等。

梨花深处的喧闹

姜少杰

清明节过后，朋友们纷纷在圈里晒起各种与鲜花的合照。终日陷于繁忙工作的我误以为今年又错过了花季，心里不免惆怅。突然看到弟妹转发的一条微信："爆燃！高疃肖家沟梨花节开幕，千人同唱《我和我的祖国》。"原来，4月13日，家乡高疃镇肖家沟将开办一年一度的梨花节！微信上白色的梨花吸引了我，但我不敢多想：虽然生在福山区，但高疃、肖家沟对我来说都是陌生的，不知在哪里，我也没有私家车。

当晚，大姐、小弟先后在家人群发出邀请：明天陪妈妈来福山过梨花节吧？我一阵惊喜：正合我意，我几乎不认识梨花长啥样呢！

经过比我想象中还要遥远的距离，穿过几个带"沟""夼"字的村庄，我终于站在了一条村中河的西岸。河东岸正对着的民房平台顶上，赫然摆放着成圈囤在一起的大苞米棒子，望之亲切，尽管昔日金黄的颜色变得浅淡。民房西墙上写着"梨花包子"等彩色招牌菜名。店家在房门口搭起长帐篷，锅灶也搭在家门口，皮肤黝黑的女主人在灶台前忙活。我隔河问她："老板，真有梨花包子吗？"胖胖的她憨笑着直点头，"真有！"

脚下道路的两旁或蹲或坐着好多老乡，他们面前摆放了各种农产品——野蒜、地瓜、芋头等。紫桑葚摆满了木箱，一盒盒的半大樱桃红红的，有的咧了嘴。路旁小麦长出了一尺高，绿油油的，清香的味道铺满了小路。有几位化装的穿绣花粉纱裙的盛装女孩走下山来，其中一位黑短发、身后背着蓝书包、手里拿着蓝色塑料板凳、戴着眼镜的脸上满是自信与朝气。她身旁的女孩手里拉着一个小妹妹，回头愉快地与同龄人们交谈着。原来我们来晚了，演出已经结束了。

路旁有人在圆桌上编织花边，都是喜悦的六七十岁的农妇。一幅图画的上部被百十个小尖锥子固定，锥子上各有一条洁白的细棉线，棉线的另一头是一个个锥形的木头棒槌，棒槌上部像宝剑柄一样，柄上缠着大量线团。农妇灵巧而快速地挪动木棒槌，画的上部小尖锥子的部位就开始有了漂亮的花边。"这么巧啊，大姨！这是什么？"我惊喜地问。"棒槌花边啊！咱这儿的人都会弄它。"大姨边织边说，脸上挂着欢喜而满足的笑。"你老是这么弄它不累吗？""不累，我得空时就出来弄会儿，平常家里事多，就在家忙。"圆桌的一角插着一面鲜艳的小五星红旗，旗杆下压着三五件成品花边。

品着山药豆糖球慢慢走，突然看到了梨树！苍老遒劲的黑色枝干上，盛开着无数洁白的花朵。不，不完全是洁白，花苞分明是明艳的粉红色，新放的花蕾外面也有粉红，无数的粉白、粉红星星点点，一树树、一枝枝、一团团、一簇簇，令人耳目一新，顿时感觉进入了"桃花源"。

眼前这棵梨树分明很完美，一转头发现另一棵梨树更风姿绰约，脉脉含情，在灿烂的阳光下仪态万方，我们不由得心花怒放，流连忘返，尽兴拍起照来。"这里的梨花还没完全开放，往上走，往里走，那里的梨花开得更大更美！"一对下山的中年人看懂了我们的喜悦，又抑制不住自己的喜悦，以过来者的身份进一步为我们添喜。

山路蜿蜒通向远处，两旁梨树千姿百态，梨枝都压得很低，繁花似锦，有的主干上也开出花来，似不肯辜负这春天的美丽。上千亩的梨园一时半会儿走不到尽头，考虑到母亲年事已高，腰不好，我们在一处水库旁的梨园驻足，一家人在这里尽赏梨花之美。

不知何时，妈妈与姐弟们已不见踪影，偶尔从高处的山上传来她们的说话声。我细细赏起眼前的繁花，感觉四周忽然寂静起来。

黑而粗的树干，越靠近根部、越古老的树干，树皮越粗糙。所有的树枝都是朝向大地尽情伸展着的，像巨伞一样，想象得出果农在它们幼小时曾经用重物压过，使它们形成伸手可及的理想高度，便于采摘管理。每棵树之间的距离都是可观的，这使得所有的枝干都能无限舒展。与向下生长的枝干不同，所有的花朵都是面向阳光灿然绽放，三十朵一簇、十几朵一簇、五六朵一簇……无数簇花朵挨挨挤挤，活泼地、出其不意地盛开在皲裂的树干、光滑的树枝上。

上午十一时，明媚的阳光温暖地照耀着大地，春风荡漾，漫山遍野的梨花似同时绽放。万千朵梨花尽情舒展自己素洁淡雅的五个花瓣，散发出迷人的光芒与浓烈的清香，黄色花蕊呈伞状装饰着白花瓣。星星点点的花蕊不停颤动，无数花瓣在枝间微微摇动，发出一阵阵海浪般的喧闹声，哇，这分明是一片花海啊！阳光漫无边际，慷慨地洒满人间；梨花恣意浪漫，倾泻出所有的艳丽与芬芳；蜜蜂蝴蝶们旁若无人地留恋着花朵；无数的树影、花影在地上摇曳生姿，与梨树梨花交相辉映，与果园里盛开的一丛丛黄色油菜花、蒲公英花相映成趣，一派生机勃勃、繁荣昌盛的景象。

往西面的高处看，头戴草帽的妈妈姐姐们今天看起来都格外美，她们像孩子一般在花海里徜徉，偶尔采摘几朵苦菜花与蒲公英，不时发出欢声笑语，阳光在她们身旁投下曼妙的影子，她们似乎比从前更年轻、更健康了——六百多年的老梨树在她们眼前展现出无限的明媚与生命力，它们完全忘掉了曾经的风霜雪雨，忽略了曾经的苦难悲愁，此刻，它们只一股脑儿地把生命力化作一朵朵梨花，在弯曲的枝干上错落有致、旁逸斜出，像奇崛的傲骨，像翩翩的仙女，像美丽的神话！它们知道，秋后，那享誉全国的香水梨洁白水灵的果肉，靠的是此刻花朵们的努力绽放。

往东南方向看，我们刚走过的小路，已隐在一片低处的花海中，这花海因着平缓的山势起伏连绵，形成了山地特有的错落、浮动感，你不可能一眼望尽所有的美景，下一景观妙不可言的神秘感更增添了山地景物的美丽。小路东面明显低矮下去，低矮到离小路半里远的东部有了一个闪闪发光的水库，水库不大不小，水不多不少，却使人心情焕然一新：暴风骤雨来临时，多余的水将汇集至此；干旱荒芜时节，梨园将有甘露浇灌。这妙不可言的水库使这千亩梨园历经六百年的沧桑后依然能够欣欣向荣，以欢欣鼓舞的崭新姿态面向游人。

"小伙子，这回你们忙啥？"妈妈与并行的一位四十岁左右的男子搭上了话，他黑瘦、素朴而精干。"我刚授完花粉。"他扬了扬手里的袋子，有神的眼睛善意地扫了我们一眼。看得出，纵然是天天赏花，他脸上同样有抑制不住的激动与喜悦。"这还得靠人工授粉啊？哪儿来的粉？""疏花时从这种梨花花心取的。"他打开袋子拿剩下的花朵、花蕊给我们看，我真看不出有啥区别。"行行出状元，小伙子你真行，是行家啊！"勤劳致富的人总能得到妈妈更多的尊重与赞美。

下山路上，妈妈在一位面貌柔和的老妇人摊前停下，她面前摆着花生米、豇豆、地瓜干等，花生米、豇豆特别新鲜，我们各买了一些，她身旁的一位老大哥帮我们称重。他的目光一直关注着老妇人的一举一动，他们有同样黝黑而粗糙的手，有一样朴实而干净利索的穿戴，他们之间有一种难以言传的温存与默契，一看便是恩爱一生的老两口。他面前放着发芽葱、长山药等，东西都不贵，我们各买了一些，买了些梨花包子，坐上车来。

在车上看微信得知，由于独特的自然环境与栽培技艺，肖家沟的香水梨色泽金黄、口味甘甜，曾在农博会上力压群梨，成为梨王。莱阳梨似乎比香水梨更有名，但我总觉得没有香水梨的味道好：相比之下似乎显得过硬、过木，味道过于寡淡。

梨花包子的美味果然妙不可言，花瓣与花蕊的星星点点都完完整整，吃起来甜丝丝香喷喷的。车上的我们盛赞着今天的收获，盼望着硕果累累的金秋能早点到来——那片梨花深处的喧闹，已深深印在了我们的脑海中，挥之不去，像浓浓的乡情，似深深的亲情。我们似乎看到了落花铺满小路、绿叶闪耀在枝头、果实在枝叶间由小变大……我们似乎已站在了秋日的金阳里，将摇曳在枝头的香水梨轻轻摘下。秋风吹得树叶哗哗响，我们的笑声、果农们的笑声，形成了梨园深处的又一片喧闹……

作者简介：山东省作家协会会员，山东省散文学会会员，烟台散文学会理事，烟台作家协会会员，烟台散文微刊编委，《齐鲁晚报·齐鲁壹点》"青未了"签约优秀创作者。

春访神清观

朱相如

一

晨雾散去的时候，我们转上了通往神清观的崎岖山路。

四月的昆嵛山，漫山遍野的绿树巉岩掩映着数不清的奇花异草，它们无论高低贵贱，都在以自身靓丽的姿态、抢眼的色泽，为这个春天增光添彩。

走近神清观的时候，一股淡淡的清香漫了过来，山路似乎被漾成了清香的溪流，登山人被置入了"逆水行舟"，清香一波波濯洗着人们身上的落尘，一点点溶解着心头的积垢。心情湿润了起来，思路也透亮了，就连精神也都挣脱出了红尘，化成了大自然的绿叶红花。

天门前，忽然听到有人在喊："看啊，四月雪！"循声望去，只见天门右侧绿树簇拥中的几株大树，虔诚地把一团团冰清玉洁的花簇，高高地举在了头顶之上，一如蓝天飞落的云絮。它那菊样花瓣挤挤挨挨地砌着一道别样的风景。林场朋友说："这是昆嵛山的'四月雪'，学名'流苏'，就是它发散的芳馨，香透了神清观的前怀。它不仅呼吸清香，色泽更有特色，它那白的真和纯，可谓是'多一分则盈，短一分则亏'的色中极品！更叫绝的是它一脱桃花借胭脂而艳红、梨花凭粉黛更俏丽的俗气，就那样于大山深处自自然然地白着，本本真真地美着；独绽着天生丽质，坚守着自身本色。"

春色迷眼，花香怡人。天门前的"四月雪"，不禁使我想起了冷海强先生笔下的这座历史悠久的神清观，法相庄严的道家祖庭和祖庭里驻守的一代代大德高师，不也都像圣洁的"四月雪"一样，在风雨蹉跎的滔滔历史中，坚守着教义和修养的本真和高洁吗？

二

金大定七年，咸阳道士王重阳自陕西终南山东下山东昆嵛山烟霞洞，以此为中心，在宁海、文登、福山、莱州等地讲道阐玄。他先后收了马钰、丘处机、谭处端、王处一、郝大通、孙不二、刘处玄七位弟子，于烟霞洞中潜心修炼，开创了道教中的全真一派。秉持着独特的全真家风，他们都成了光前裕后的一代宗师。

1213年，东牟彭城先生在烟霞洞下一里处，修建了"神清观"。1269年，丘处机等全真道七真人正式封立，从此蜚声全国，全真道也由此蔚成大教。烟霞洞、神清观被奉为圣地祖庭。昆嵛山也跻身与五台山、普陀山、洛迦山、龙虎山等齐名的中国佛道名山之列。全真道秉持着重阳祖师"三教合一"的理论、

"全精、全气、全神""苦己利人、性命双修"的宗旨，以及"修行以内丹为主""修真是道士修炼的唯一正道""和谐世界，以道相通"的行为准则。在为人处世上遵循"道"意前行，取得了"心神宁静、好善乐施、济世利人""尊道、贵德、共生、和谐"的实效。

古洞无门掩碧沙，四山空翠锁烟霞。
天开玉树三清府，池涌青莲七子家。

一如王重阳诗中所言，昆嵛山烟霞洞神清观风景秀丽、静雅清幽，确为修道栖真之圣地。它纯粹而不染，素朴而无伪。八百年来，经元、明两代增修，直至民国初年，香火依然旺盛。后来由于战争等原因，神清观殿宇遭到了严重的损毁，但作为道教全真教派的发祥圣地，它在民间仍广受各界人士的关注和信仰。

2006年，神清观重新修建工程破土奠基。两年后雕梁画栋、气势巍峨的道观落成，全真道信众的期盼得以实现。

三

松柏吐翠，繁花似锦。

沿着殿前石阶拾级上行，两侧汉白玉栏上盛开的莲花，一步步把我们迎进了"灼灼芙蕖"的善境。刚接待完来访信众的龚清泰道长看到我们来了，飞步迎下来领着我们参观了由他设计的新道观。缭绕香烟中，最先映入眼帘的是殿前的古柏，它箭镞一样直射蓝天的枝干和荡满阳光的翠叶，为我们洒下了一片早春的清新。站在斗拱飞檐的大殿前，道长精神矍铄地给我们做起了讲解："神清观的重建，是道教继承和发扬中国传统文化的新篇章。它气象壮观，玲珑精妙。面积六百八十平方米，由钟鼓楼、东西厢房和主殿组成。主殿分设三殿：中殿为'三清殿'，供奉元始天尊、灵宝天尊和道德天尊三大尊神；东殿为'五祖殿'，供奉王玄甫、钟离权、吕洞宾、刘海蟾、王重阳五位仙祖；西殿是'七真殿'，供奉全真道七真人。"

在缘路西行前往烟霞洞的路上，道长边走边讲道："这儿亭舍幽敞，林泉环绕，山上山下，全是风景。"刚走过了孙不二的修炼地，又来到了"丹井"畔。道长指着"丹井"介绍道："它井水清澈，终年不绝，相传七真当年就饮用此水。""行至山顶，就是名扬四海的烟霞洞了，重阳祖师当年就是在此悟道参玄，大彻大悟地开创了全真道的立教宗旨和理论。烟霞洞就像释迦牟尼修成正果时的菩提树一样，被人们奉为全真教的'洞天福地'"。

龚道长精力充沛，活力阳刚，极富人缘。

他主持神清观以来，倾心精研和弘扬道教文化。在修养参事上秉承着"全精、全气、全神"和"苦己利人、性命双修"的教旨行事。在尽心保护、修复道教胜迹的同时，还努力度人度己，造福社会。他除了尽心满足信众的信仰需求外，还积极为社会的经济建设、扶危济贫献计献策，弘扬正能量。他那一身"处下、不争、虚怀若谷"的全真家风，给我们留了很深的印象。道教在千年发展中，已经和人们的文化、生活息息相关了。吃着他招待的水果，喝着他的茗茶，听着他娓娓道来的道家身世，我们也像沾了仙气似的，有些飘然了。

说到道教发展，他主张既要牢记祖师立教的初心，又要在社会主义核心价值观的引领下，为新时代社会和谐发展多作贡献。他想在条件成熟时，不再接受十方供养，希望在庙内种些粮食果蔬草药茶树，以自给自足。

道家回报社会的精神，在道长身上也得到了很好的发扬。对社会兴起的养生潮，他总是谨慎地提醒信众，道家养生功法很多，但信众不可能像道士一样修炼，大家可以通过食疗和一些简单的功法来运作，一样达到健身的效果。

在采访期间，又有人来找道长求助了。他开门时，我一眼就看到了油漆锃亮的钟鼓楼，想到那悠扬的晨钟暮鼓声，不也如同道长的讲道一样，每天都在召唤着世间凡俗，警醒着梦中过客吗？

疫情式微的春天，道观解除了封闭。信众来得多了，道观的各项道事也像新绿一样蓬勃了起来。几天前，道长就说服过一位企业家，将一笔捐赠道观的巨资，转赠给了社会的慈善事业。昨天，他为那位因大水冲走亲人、心灵创伤严重的信众，作了最后的安抚度化，帮助她从极度伤痛中解脱了出来。就在今天，他们的道史研究也传来了好消息，在一尊刚出土的元代的马合碑上，他们发现了"昆嵛山东祖庭"的字样，这就为历史的文字资料，提供了确凿的实证……

龚道长以国家宗教政策方针为依归，携广大信教群众以新的思路做好全真道的各项教务工作的同时，还带领道众积极参与林场的护林、防火工作，极力为祖国的繁荣和民族的复兴做出自己的贡献。

四

神清观的景点很多，下山时我们在神清观大门旁边看到了那棵缸口粗的"石缝楸"。

它的闻名不仅因了它的高大和长寿，更因为它身上还揣了个震撼人心的故事。

一粒树种，偶然被风送进了巨岩的细缝，就凭着石缝里那一点土、几滴水，顽强地扎下了根，发出了芽，健壮成长起来。最动人的是它在长大的过程中，竟不声不响地劈开了巨岩，将其另一半掀了去……我不知道这棵大树是否聆听过道家的阐道释法，是否苦研过深奥的老庄哲学，但就它释放出来的那种毅力和精神，不也像龚道长为我们打开了道家世界的大门一样，是为我们的这次春访送上的又一份大礼！

作者简介：山东省作家协会会员。在《人民日报》《工人日报》《中国文化报》和《诗刊》《中国诗人》《山东文学》等报纸刊物发表诗歌、散文作品千余篇。出版诗歌集《月与梦》《穿越莽苍》《节日》，散文集《行走的文字》。曾获得山东省第一届文学奖等多个省级以上奖项。

追忆那年轻的面容

王彦平

大地处于"谷雨"节气。雨生百谷，清净明洁；土膏脉动，生灵萌发；长空万里，天地祥和。

烟台山下，牡丹吐蕊，柳絮飞扬；蔷薇新绽，如诗如梦。碧野里，空气中，多了些令人欢喜的馨香，春光如此温暖和煦，岁月如此安宁静好。然而当我走进烟台山下的胶东革命纪念馆里，伫立在一幅照片前时，眼前的这张年轻的面孔，使我凛然一震：这张面孔，清瘦，英俊，这面容是多么年轻！

仔细看，正是家喻户晓的传奇英雄杨子荣。他是山东牟平人，出生于1917年，牺牲于1947年。他1945年9月参加八路军，10月随部队挺进东北，多次立功受奖，被评为"侦察英雄""战斗模范"。1947年带领五名侦察员深入匪巢智擒"座山雕"等二十五个土匪，创造了以少胜多的战斗范例。同年2月在剿匪战斗中壮烈牺牲。2009年被评为"100位为新中国成立作出突出贡献的英雄模范人物"。

逝去的，是一个多么年轻的生命，多么令人疼痛！

照片中，杨子荣身穿素朴的军衣，头戴军帽，左胸佩戴一朵红花，目光炯炯，深邃，注视前方，那黑瞳浓眉的深处，紧锁着某种凝重、严肃与忧思交织的深沉。

站在这里，我的心房持续被震撼和惋惜深深地击痛——一者是这个生命英年早逝，再者是那个时代的英雄们的面容上所共有的、自然流露的由忧思、愤懑、炽烈、刚毅与憧憬组合而成的神情——由抗击敌寇之使命、解放民族之责任、护家卫国之挚痛……这种种真实的情感共融而成的、令人肃然起敬的、革命者的精神和气质！

据说这是杨子荣留存于世的唯一一张照片。

"穿林海，跨雪原，气冲霄汉……"

那很久以前令我沸腾的熟悉的旋律，仿佛超越时空从遥远苍茫处传来，回荡耳畔，如此真切。

在我孩童时期的意识里，富有传奇色彩的故事就如同黑暗夜空中闪烁的星星，散发着神秘的光芒，它挂在那遥远的地方，引发无数的崇拜与神往。我十岁左右的时候，偶然在一个很小的黑白电视上，看到了电视剧《林海雪原》。在冰雪覆盖的林海中，英雄杨子荣披着白色翅膀一样的大氅，如飞鸟穿梭于林海雪原。

从此，那几个经典的场面：杨子荣打虎上山、杨子荣卧底威虎山、杨子荣智对诘难、杨团副大设百鸡宴……就深深印刻于我脑海。后来也常会在屏幕上看到现代革命京剧《智取威虎山》，舞台上的杨子荣一声"穿林海，跨雪原，气冲霄汉"以及"今日痛饮庆功酒，壮志未酬誓不休。来日方长显身手，甘洒热血写春秋"的唱词，腔调刚硬高亢，慷慨激昂，阳刚之美令我热血沸腾。

"杨子荣"这个名字，由此成为我童年记忆里最闪亮的一个传奇，很渺远却很清晰。

窗外是高天流云，绿树碧海，游人如织，欢声笑语。

一百多年前的1917年，杨子荣出生在胶东牟平；七十多年前的1947年，他牺牲在东北的林海雪原；一百多年后的2021年，我瞻仰着英雄的面容。

时空在此时、此刻，出现了隔断。

恍惚中，我突然意识到，英雄就在民间，传奇并不遥远！

生活在新中国、新时代的我，要花费很大的想象力去体会杨子荣童年家境的贫困，体会他父母辈拖儿带女背井离乡闯关东的凄惨无奈。

我也需要很大的想象力去想象杨子荣东北漂泊十几年中，鸭绿江上顺水放排，逆水拉纤，上山下矿，接触三教九流各色人等时满腔的愤慨与觉醒的思想。

我只能深深钦佩一个农村娃对东北的风俗习惯、行会帮派、暗语黑话都了如指掌的聪明机智……

我尤其不忍追思的是，年轻的杨子荣隐姓埋名大义参军，去东北参加紧张的剿匪战斗。他在零下三十八度到四十度的雪海里，化装侦察，扮成土匪，斗智斗勇；

他在洞中睡觉，与野兽为邻；

他在雪窖里休息，以雪为衾；

他，跨谷飞涧，攀壁跳岩，打虎上山，智捉匪首；

他，大智大勇，孤胆作战，满肚智谋，浑身是胆！

沉香来自创伤，骏马出于战阵，传奇来自出生入死，来自坚忍不拔，来自泪抛血洒！

使我更加疼痛不安的，却是关于他的后来的故事——

杨子荣参军后辗转战场，与家人音信不通，却长期遭乡人误会；家人背上土匪家属的黑锅，直至妻死女亡。老母以泪洗面，家中潦倒不堪；亲人受屈，英雄蒙冤。

道不尽的思念，说不尽的遗憾……生命，有一种无法承受之重。

我曾经在一个冬天去过牟平城东南的嵎岬村，那里是英雄杨子荣的故乡。

狭窄的街道边上这座低矮的破房子，用碎石头垒成的小院，一棵柳树，一棵梧桐。树梢上几片叶子像极寒风中瑟瑟发抖的鸟儿翅膀。一只灰喜鹊嘎叫一声掠过上空，以优美的姿势飞翔，展示它所拥有的自由。村子里出奇地安静。

"孤村落日残霞，轻烟老树寒鸦，一点飞鸿影下。"冷冽寒风中，耳畔传来一声渺远的鸡鸣。田野上散落着庄稼的秸秆，灰蒙的天际与远山相接，像一片黑白布景，麦苗低垂，以忍耐的心态等候又一个黄昏或者又一场冬雪的到来。

这座小土房的房顶瓦檐上，只有几根草茎随风索索抖动，几只麻雀上下跳跃啁啾。

是谁在诉说时间的流逝？这里好像什么也没有发生过。眼前的景色太过寻常。传奇里的英雄，忽而又很孤寂地退回到了遥远的纸页上。

传奇也好，故事也罢，在一个接一个被人们遗忘之后，是不是再也寻找不到什么。是不是那些谜一样去向不明的历史，至多只能留一份怀念。生命，又有一种无法承受之轻。

霜雪不再，寒潮收场；春风和融，草色萋萋。

阳光，穿破雾霾，明亮了大片的原野和河流。

胶东革命纪念馆外，春天的气息正氤氲人间。

正因有无数英雄的守护，今日之我们，才可以如此惬意，可以站在这人间四月天，拈花，赏景；放任心情流连于田塍垄畔、溪头篱角；驻足于海隅山陬，风来燕往；沉醉于桃花含笑，江山倩影。

美好的生活跳跃着明媚和喜悦，因幸福而生的泪水忽然潮起。英雄的传奇故事，绝不会在一代又一代迷惑不解或者熙熙攘攘中灰飞烟灭！唯有当我落笔写就，我才能感觉到一丝安慰。

脑海中，我一遍遍追忆着那年轻的面容，英雄的面容依然刚毅，英雄的身姿依然矫捷。英雄率领着他的小分队，依然在东北的深山老林间滑行，盘旋——

雪花一朵一朵，扮美了东北大地，杨子荣身披大氅，穿越林海，从飞雪中迤逦而来，"穿林海，跨雪原，气冲霄汉……"

作者简介：山东省作协会员，曾获中国散文学会全国海洋文学大赛优秀奖；散文《唐山硼》入选《齐鲁文学作品年展2016》，并获得山东省作家协会文学创作室优秀作品奖。

城之光

高绪丽

　　"云母屏开，珍珠帘闭，防风吹散沉香。"日头落尽，云影无光，西天垂下的一大帘云母屏，掩盖住了日落的光潮。慢慢地，不远处的大海与天空，浑然一体，像一段灰色织锦，又像一条手感柔滑的绸缎，从头顶一直泻到脚下。此时，隔着海水相望的养马岛，岛里岛外的星点灯火，蜿蜒盘旋，径直点亮天边。

　　卸下城市的疲惫，脱掉高跟鞋，换上棉麻长裙，我披着夜色，来到不远的海边。这个城市的人，足够任性。搁别人眼里遥不可及的蔚蓝大海梦，对我们来讲，不过十几二十几分钟的车程。抬起头，便能在灯火通明里，找寻到泛着金光的波光粼粼。往北，天边的一大块墨黑轮廓，静止得像块黑石头，正无声地吞咽着夜的安逸。那大块黑石头，便是网上疯传的网红小马代。

　　当黑暗铺天盖地而来，这里的一切无可逃遁地被埋葬，被吞没。那些排列有序的路灯，它们像无数颗星星，点缀照耀着那个墨黑的轮廓，发出钻石一般的光芒。沉敛大气、优雅从容都在她的身上浑然天成，给人肃然起敬的感觉。

　　这些年来——尤其从去年开始，国内各省的人，为着旅行、避暑、度假、原生态等不同的目标，都有一股脑往烟台尤其是养马岛跑的劲儿，进岛车辆每天络绎不绝。

养马岛地处黄海之中，岛上丘陵起伏，草木葱茏，山光海色，秀丽如画，海岛呈东北西南走向，地势南缓北峭，岛前海面宽阔，风平浪静，岛后群礁嶙峋，惊涛拍岸。东端碧水金沙，浴场优良。西端水深浪小，天然良港。

岛上气候宜人，冬无严寒，夏无酷暑，岛由獐岛十八洞景区、碧螺滩景区、秦风崖景区和西山湾景区组成，其中包括地质构造、地貌景观和环境地质遗迹景观三个大类，十七个主要地质遗迹点，是一座罕见的以海蚀地貌景观遗迹为主，兼顾人文景观等遗迹的多元化综合地质公园。

传说公元前219年，秦始皇东巡时在陆地上发现了近在咫尺的这个小岛。岛上草地有数量可观的马在奔跑、游玩、吃草。对于爱马的秦始皇来说，堪称奇迹。自然，后面的事情也就顺理成章，在这儿设立御马场，派官员在全国各地挑选马来养马，再后来改了名字，就是今天的养马岛。

好像大海里的一颗璀璨明珠，水清见鱼，石润如玉，养马岛的温婉大气、秀丽逶迤，从来不曾被认识她的人遗忘。去年一组展现养马岛旖旎石水的照片在网上疯传，养马岛又多了另外一个名字，网红小马代。

此时，与岛一水相隔的海边游乐园里亦是灯火通明。虽说已入秋，但秋风未至，暑热难挨，大家也乐得到海边来消消暑气。不同于白天的烈日炎炎，踩在绵软的沙滩上，海风挟带着大海的气息，温柔得好像动物的羽毛，呵护着身上的每一寸肌肤。这里聚集了来自城市里各个角落的大人和孩子。游乐园里的蹦床、滑梯、秋千，还有各类攀爬项目，适合不同年龄段的孩子。

无论多大的人，都有一颗比实际年龄小很多的年轻的心。天梯上走过来的一对母女，她们的前面有一个奔跑着的小男孩。

"奶奶，奶奶，您快看，那里有大滑梯，还有海盗船呢！"小男孩转过身跑回来，拉着那个年长女人的手，喋喋不休。

年长女人弯下腰身，顺着小男孩手指的方向，一边点头，一边微笑着作出回应。

年轻女人停下脚步，说道："妈，慢点，看着脚下。"

海风微徐，衣袂轻扬，夜，渐深。游乐园里的欢笑声，同海上的灯光一起，被传递到了很远的地方。

叶圣陶先生曾经这样赞美过这座城市，"一座花园，一条路，一丛花，一所房屋，一个车夫，都有诗意。"其实这片海有诗意的哪止这些，除了金沙滩，还有史诗般的防护林黑松林。作为抗海潮、耐盐碱、生命力旺盛的树种，黑松林摇曳多姿、充满生机的生命之态，将它的美与神秘，渲染得淋漓尽致，可谓美不胜收。游乐园周边的黑松，好像游乐园里的骑士，安静地守护着一切。

路灯下，一棵黑松，在细沙地上投下体积庞大的黑影，张牙舞爪，样子乖戾。最先，是小孩子发现了沙地上这个好像怪物的黑影，他胆小，吓得不敢迈步。不得已，我只好自己先跳进那个大黑影里，然后鼓励他。在路灯的照射下，影子周围的细沙地上有一种隐藏的光。树干的影子被拉长，周边的松针也一根根被放大，细细密密的。海风轻微，那些无数的松针影子像睫毛一样，随风轻颤。孩子跟发现了新大陆一般，伸手想要抓住那像睫毛一样的松针的影子，无果，倒乐得"咯咯"笑个不停。

"清池玉水绕山川，携手伴友放纸鸢。杨柳轻指意欲醉，疑是梦境回童年"，孩子们纯真饱满的脸庞，是大人刻进褶皱里的童年。孩子们的身上，有大人的影子，他们是人间的四月天，是光，是暖，是希望。大人们喜欢孩子，想要从他们身上寻找昔日的痕迹。而我们喜欢读名人的故事，则是希望用名人的光，点亮我们今天的好生活。

牟平侯刘渫的后人刘宠，因"明经"被推荐为孝廉，升任豫章会稽太守。在任时期，清廉俭朴，简化烦苛政令，禁察官吏非法，政绩卓著，深受百姓爱戴，被誉为"一钱太守"。后人有诗题道："冷落东牟汉室亲，坚持清节作名臣，到今千有余年后，占得吾乡第一人。"他辞世以后，有人在其墓前题曰："居官莫道一钱轻，尽是苍生血作成。向使特来抛海底，莒波赢得有清名。"

城南门里进士俞价，官至御史，为人刚正不阿，不事权贵。他的故事后来被纪昀记载进《如是我闻》，被世人津津乐道。

海纳百川，有容乃大。一方山水，养育一方好儿郎。一代巨贾富商张颜山，用他短暂的一生，为我们讲述了新的传奇。出生于烟台牟平养马岛的张颜山，自幼家贫，后全家人逃难到宁海州（今牟平城）的邵家塂村农耕为生。他十五岁到烟台赖氏的"泰生东"杂货铺当学徒，因聪慧勤勉，升为二掌柜。他在四十六岁那年，又自筹资金，开办了"泰生东"染料店，专营登陆烟台的德国"狮子牌"染料，且规模不断扩大，在济南、上海、哈尔滨等地均有分号。

后来，他又在全国各地开办棉布庄、绸缎庄、钱庄、矿丝坊等，并在多个公司入股。他的几个儿子也到全国各大城市创办企业。至抗战前，张氏家族实业发展达到了顶峰。事业的顶峰，名声的显赫，并未泯灭这位胶东之子身上的闪光精神，其中尤以其善良、正直、仗义，为世人称道。

今日见到的具有地方建筑特色的张颜山旧址，位于张颜山生活过的邵家埠村。始建于1920年前后，上下两个大院，共有房屋一百一十间，占地近四千平方米。整个建筑庄重大方，气派华丽，融汇了南北风格。据说，当时地方上不景气，民不聊生。已经从张氏家族受益颇多的人们，不忍再无功相扰。体察乡邻心情的张颜山，便以建筑家宅为由，广招工匠，大兴土木，包吃包住包工钱，并特意叮嘱：工程求慢求细求好。其实他是想拖延时日，好使大家挨过这段艰难的时光。他的善义之举，乡邻们心领神会，只能以一丝不苟的精工细活作为报答。

张颜山在生意场上经常同德国人打交道，他不但凭着一身仗义将助人于危难时、济人于无助际的中华民族美德发扬光大，也仰仗一身铁骨正气，被行业内外人士啧啧称道。

除此，在做人方面，他也一直保持着本地人朴实的本质，讲信誉，重德行，乐善好施，热心公益。

"穷则独善其身，达则兼济天下"，身为地道胶东人的张颜山深谙孔孟之道，作为庄户人家的孩子，他又深知教育与一个民族未来的重要性。于是，他一边做生意，一边大力出资为家乡捐款修路办学校。真真是，古有窦燕山，教子有义方，灵椿一株老，丹桂五枝芳。今有张颜山，款捐十数万，不忘桑梓地，延师广施教。

皎洁的月光，洒满回家的路。今夜的月亮，是否也照进过古人的书房？这座城里的人，可以把脚步放得足够慢，可以移步一画，但内心一定要丰盈；也可以允许自己慢慢老去，花间饮茶，松下听雨，但一定要好好珍惜当下。

当思想之花绽放，当文明之光照耀，当我们品味出伟大、深邃背后的渺小与孤独，当我们接受了思想巨人的洗礼，这座城，也将获得新生。

作者简介：山东省散文学会会员，烟台散文学会会员。热爱生活，喜欢读书，偶尔文字，曾在《齐鲁晚报》《烟台日报》《烟台晚报》发表散文数篇。

天涯晚笛

许　光

　　我喜欢研究地方人文掌故。

　　一个偶然的机缘与年逾九旬的龙口丁氏家族保素堂十七世丁敏老人相识。几次交流，我们一见如故，成了忘年之交。通过研读她送我的乾隆年间丁氏家族史，回味她意味深长的话语，让我渐渐萌生了写写丁氏家族文化的想法。于是，长达半年多的对丁敏老人及其家人的访谈开始了。在这先后十多次的访谈中，这位九旬名门闺秀始终精神矍铄，豁然达观，她的谈话素净洗练，思路清晰，她以洗尽铅华的回忆，道尽了这个百年家族的沉浮悲喜，让我在慢慢理清丁氏家族文化脉络的同时，已然深深沉醉于丁家儒家人文传统的浸染之中，每每令我心潮澎湃，感慨不已，并不断激励自己日雕月琢，历时半年写成了《丁园心斋》一书。

　　天涯晚笛，声声入耳。丁家家风习训如悠远的笛声久久传扬，她隐现于细节里的儒雅风范，已然如同熟透的番石榴，自然飘香，泽被四邻，亦每每让我低回不已。

为儒，受之以需

与丁敏老人慢慢熟识后，感觉她是个知性而风趣的人。她曾笑着说，外人看丁氏家族，关注的往往都是家族财富，如，位居山东首富，达至清政府两年收入，宅第占半个黄县城等，但作为丁家人，我们却真没有把财富作为家族延兴的追求，我们更珍视的是家族文化的传承——丁家始终秉承的是"以儒兴家"之道，儒家文化才是丁家文化的内核。我到现在仍牢记父亲的这句话："为儒，受之以需。"我们丁家就是这样理解儒学的：永远通达人伦，耕读传家，与人为善，周济乡里。我最喜欢的一个丁家点评是：中国北方的儒商望族。我们处世、为人乃至经商，始终秉承的就是受之以需的大儒之道。

这位自小在钟鸣鼎食、诗礼簪缨的显赫豪门长大的丁敏老人，举止永远温文尔雅、端庄沉稳，举手投足间隐现因家族底蕴而自然熏陶的闺阁气质，待人接物古风犹存，彬彬有礼，有着超乎寻常的谦谨之风。每次访谈，我总被她这种自然而然、毫不刻意的儒家人文氛围所感染，时常善意调侃她是多礼的贵妇人，可她总是哈哈一笑，不知是默认还是不以为意。我每次到她家中一落座，她总是先嘘寒问暖一番，这种关切是无微不至、细腻体贴的，有着春风拂面般的温暖，而茶几上早已摆好的水果、点心、茶等她总是一一悉心相让，直到我拿到手上，送到嘴里开始品尝为止，绝不会让我干坐着。这种真诚的体贴，让那种初为人客的生疏感荡然无存，每每让我切身感觉她就是把我当成家人，而她就是我和蔼可亲的老奶奶。也让我豁然明白：原来，过去的中国人就是这样待人接物的，中正和谐，亲亲为大。而所谓的儒雅与教养，全部是体现于细节中的，建构在对别人的尊重、体贴与关爱之上的。吹面不寒，才是杨柳之风。

当然，丁敏老人自自然然，自然而然，一切她并不自知：因为这是发自她本能的品质，她以为别人也是这样，整个世界也都应这样。

不欲，勿施于人

丁家世代喜研书法。丁敏年幼承训书法大家丁佛言本家教诲，研习书法成为老人一生的清好。她的书体浑厚凝重，不同常人，一派苍古之气。但当我提出《丁园心斋》的书名请她题写时，她却极为谦逊，极力推辞，并一直主张还是由她的老师们题写为好。我几经邀请，她却为此又推让了好长时间，她反复陈词，她虽为丁氏后人，但书艺还未精熟，出帖后风格还未完全显现，应该延请烟台的书法名家来写。与此同时，她还具体推荐了几位名家，并说依她与这几位老师名家的熟识程度，他们定不会推辞。但我从此书的文化意义及其他角度，几次陈情书名由她题写的必要性，在我的坚持下，她终于答应落笔。在缓缓研墨、行将书写时，她意味深长地笑着说："丁家人是向来承习儒家'己所不欲，勿施于人'这一古训的，谦逊持重，永远从别人角度考虑问题，一直是丁家人的处世守则。你一再坚持，虽然心知书艺不精，但我也只好成人之美了。"

"丁园心斋"——四个大字她一挥而就，书风遒劲，颇具大家风韵，现已印在书封及书扉上，我每次打开这本书，总要先欣赏一下她题写的书名，并回味一下她说的这段话。现在想来，我才渐渐明白，丁敏老人虽不主张书名由她来写，但她仍是体谅了我的挚诚，为我着想，勉力成全。其实，题写书名这件事，可能一直是她并不情愿做的。

丁敏老人自幼生于礼仪之家，其承继的儒雅之教已然润化于生活点滴中了，其人文细节，举手投足，无不生动再现了一个书香世家的伦常秩序，无不渗透着一个文化家族的人文涵养——儒雅之风，已然入心入骨，不可磨灭了。

访谈间隙，她总是凭着良好的记忆一点一滴地追溯那往昔的家族时光，真切展现了一个名门望族内部的亲情、温存与幸福，满溢着人性的良善与美好。她的温暖话语让我真切触摸到那个文雅烂漫时代的风华与家族韶韵，感受到丁氏家族的旧时风情、闲情逸致与秩序人伦，真切重现了晚清与民国时代的人文风雅。谦谦君子，窈窕淑女，人与人相知、相让，己所不欲，勿施于人，这是一个多么美好而真诚的家族呵！

随缘，方可淡泊

"旧时王谢堂前燕，飞入寻常百姓家。"历史总会褪去浮华，回归平淡，却总能留存精华的积淀。

丁敏在丁氏家族谱系中列入保素堂，属于"西悦来"五份。2017年国庆节前夕，她在家人的陪同下，再次回到阔别多年的丁氏故宅，回到她永远魂牵梦萦的、儿时生活过的保素堂。

　　丁敏老人此行还特意邀我同游保素堂，她拉着我的手边走边说，让我对保素堂的人伦秩序有了更深切直观的理解。保素堂是位于丁氏故宅景区最里进的一座堂号，依次游览完履素堂、爱福堂、惜福堂等堂号后，一走入保素堂，我立即感觉到保素堂的整体格局明显有别于其他堂号——其建筑明显高大俊朗：气派的大门、挑高的门厅；深屋高檐，飞檐青瓦，处处弥漫着深厚的家族文化底蕴，真切展现了保素堂人的审美品味、人生向往与家族实力。行走于各大院落，使人顿生无法言喻的神秘感及不可凌越的崇高感。

　　看着丁敏老人开心的样子，我由衷地为她高兴与祝福。我认为，回归保素堂，对于丁敏老人，已然不只为回归祖宅，更是精神与理念的回归。她心中的保素堂，早已不是一座深宅大院，而包藏着太多永留心底的脉脉真情。她凭着亲情的温暖与儿时的记忆，一一深情地介绍了她心目中的保素堂宅院，一个个儿时的故事，在她的讲述中一一鲜活生动起来。在午间清凉的阳光中，这个历经近一个世纪的、令我可亲可敬的丁敏奶奶，站在这座她儿时生活过的深宅大院间，甚至令我产生了她能随时幻化为儒家文化图腾的错觉——她是太爱这方故园了！

　　丁敏老人生在了不平凡之家，却随遇而安地过着平凡而幸福的一生。作为丁氏家族保素堂后人，谈及自己家族的往事时，她始终奉行着温善平和的清谈之风，并素以平静而淡然的心态，来面对丁氏家族的天道循环。她回忆道，新中国成立后，保素堂家族因思想开明，积极投身革命，没有受到任何冲击；他们始终奉行保素堂"隐与仁"的族训家风，克诚克俭，诚以待人，安然避开了各种运动及人事纠葛；保素堂也是丁氏庄园各大家族中最早捐献给国家的宅院，后来改建为龙口北巷小学校园及部队营房；受家族文化影响，保素堂后人建国后不少也都从事教师职业，他们持重明达、和善宽容，循循善诱、诲人不倦，始终奉行"赠人玫瑰，手留余香"的慈悲情怀，经常热心资助困难学生，用爱心启迪学子的心灵，用真情点燃学子的智慧，做学生们心灵与智慧的双重引路人，得到同行及学生们的尊重与爱戴，多人成为教育系统里的道德楷模——他们以强烈的社会责任感与敏锐的社会洞察力，合奏了一场家族文化与革命叙事的双重变奏曲！

"沉舟侧畔千帆过，病树前头万木春。"人生的意义与价值，往往是用品德与爱心来衡量的。丁敏老人正是因为深受家族文化影响，才始终以善良与真诚面对众生，以奉献与真爱来感召命运，道法自然，洞悉规律，凡事顺其自然，顺势而为，在时代风浪里依然保持了内心的优雅与从容，真切凸显了传统人伦与文化回归的主题——保素堂家族在把谦怀高洁、与人为善的品格完美留传给后代的同时，还积极顺应潮流的生发与勃兴，让旧习在仁隐中幻灭与传扬，使新生在更替中进步与优化。

而当我以丁敏老人为坐标，逆流而上，去寻访那段不太遥远的历史时，最吸引我的不仅是这一段段值得铭记的人文掌故与家族史话，更有他们平实生涯与人生命运的紧密纠缠——亦正是因为一代代丁家人的执手相望、砥砺前行，才有丁家几百年家族文化的辉煌与荣光。

丁敏老人对我说，这几年只要一有时间，她便与丁家兄弟姊妹相约丁氏庄园，重游儿时旧居保素堂，一起再次回首旧日时光，共语世事沧桑，每次彼此总会留下很多诗词与照片，她一直有将这些诗词与照片结集成书的意愿，她曾将兄弟姐妹们相互唱和的诗给我看，厚厚的一大本，诗句精美，真挚感人，渗透着沉郁的亲情关爱与牵挂，这是留给丁氏家族后人珍贵的历史回忆，可谓几曲微茫，十分怀想。而随着这几年亲人们不断故去，她在感时伤怀之余，也总能够淡然面对丁氏保素堂的兴衰更替。这一点，从她创作的《回忆》一诗中，可以明显感受到她随喜随缘的达观态度，我特辑录如下，谨作尾声：

回　忆

万贯家财今何在？

散入寻常百姓家。

往事悠然云天外，

人面依旧伴桃花。

作者简介：山东省作家协会会员，烟台市作家协会会员，烟台市散文学会会员，烟台开发区文联秘书长，烟台芝罘散文学会副秘书长。作品刊载于《山东文学》《胶东文学》《烟台日报》等，出版有散文集《如墨》《丁园心斋》。

向海的眼睛

刘　颖

想要了解一个人，你可以问一个问题："你最喜欢哪本书？"想要了解一个城市，你可以问一个问题："这个城市最动人的书店在哪里，它是什么样子？"这个问题若问到烟台，我回答是理想书店。离海如此近的美术博物馆，全国只有一家，那就是烟台美术博物馆，离大海只有六十六步；在馆内一楼的西北部，就是理想书店的疆土，一只望向大海的眼睛。

书店参与一个城市精神生活的构建，是一座城市文化气质的体现和重要载体，烟台独立书店有几家，理想书店是其中的杰出代表。

离海六十六步的理想

细节成就一个书店的精神品质。理想书店的每一个细节，都可以激发情感的小旋涡。黑白蓝，三种色彩是它室内的基调。落地书架选择白色和蓝色相间，纯净和大海的颜色让任何一个步入此地的人，自觉消失了声音，只有与文字沉默的交流才属于这里。白色书架上整齐地排列着各种类型的书籍，而蓝色书架大多是与书籍相关的物品，比如一个说走就走的背包，比如一个随意的垫子，像一个随意的想法搁在那里。

墙上的画作可以让你的眼神飞翔并栖息在上面，凡·高的充满悲剧与梦幻的《星空》，"野兽派"马蒂斯的《舞蹈》里，让狂欢和缭乱碰撞出无尽的轻松。

如果你心里有郁积或者茫然没有答案的时候，到理想书店来，陷进它的沙发，那原白色的棉麻，质地柔软的内芯，让你心里的褶皱丝绸般在时间流沙上慢慢松开来。这时候抬头往外望去，大海以它不可一世的蔚蓝在你心上轻轻又坚定地涤荡，让你可以清新，可以重生，可以有翅膀。

在这样的环境里，你尽可以让内心驰骋，一个人的刀光剑影，一个人的大雪纷纷，一个人的悬崖伫立。当你选好一本书，比如《竹林七贤》，比如《北岛诗集》，比如《理想国》，你可以到前台点一杯焦糖玛奇朵，接下来，你的天空便有了星星有了太阳有了不明飞行物，有路在跑有鸟在飞。仔细想来，其实"交织"这个词非常有深度有厚度有广度。

一个城市有历史有沉淀，有现代化的冲击，那才比较完整。

书店有经营和阅读的主体空间，还有一个功能室，用来举办读书会和沙龙。统战部的"同心山海"文学分享会就曾在这里落地。曾在这个功能室里发声过的思想有星星之火可以燎原、共产主义信仰马克思主义研究、儒释道的解读、东西方诗歌的碰撞、唯心主义唯物主义等，白发与黑发的交流，西装与裙裾的碰撞，黑眼睛与蓝眼睛的注视，不知不觉中时间就在这宁静的空间中飞逝、沉淀、凝固，而阅读者像一颗果实，外表看不出变化，某些照耀却让他悄然向成熟的方向延展，那种开心只有自己知道。

如果一个城市的一个人在变化，一些人在变化，那么这个城市的内心就不断在变化，一个内心变化的城市，是距离美好最近的城市。

如果你不注意，根本就不会发现，所有的这一切美好都沉浸在音乐里，《夜空中最亮的星》《远走高飞》《斑马》，但是这些音乐安静收敛，绝不打扰你，只有冷不丁的时候你才发现它们的存在。

理想书店美博店是在2018年12月启幕，启幕季是从"向海的眼睛"六场主题活动开始的。其实美博店并不是理想书店的出发点，谈起理想书店，必须从朝阳街说起。

从朝阳街出发

第一次进理想书店，是2016年10月一个周末。我关注的公众号里，跳出一行字——周末电影理想：《一个叫欧维的男人决定去死》。在欢愉的大周末，是什么人选了这样题目的公益电影给大家？欧维为啥要高调去死？生与死，一直是人类一个大话题。对文字敏感的我第一感觉是，这电影必然好看；第二感觉是，选电影的女主人必然知书有趣。跟着感觉跟着夕阳，我来到朝阳街的理想书店，在温暖而低缓的光线里打量它，就像打量一个陌生的又令人欣喜的朋友。墙上，是北岛的诗句：我来到这个世界，为了看看太阳和蓝色的地平线。里面有一个套间，是一个功能区，可以举办文化沙龙等活动。一个人与一座城市的缘分，和人与人的缘分一样，多半是看两者之间有没有共鸣。书店的乐趣，远远不止书，还在于带来特别的生活方式。博尔赫斯说，天堂应该是图书馆的模样。城市如果没有书店，就像人没有灵魂。在烟台头一次有这样的书店感受，我内心窃喜，尤其是它还坐落在烟台著名的老街朝阳街上。处烟台山之阳，正南正北，沐海风、朝暖阳。朝阳街虽隐匿于闹市之中，尽管一家家酒吧、商铺都洋溢着现代气息，但却掩盖不了它散发出的醇香厚重的味道。

如果一个书店重视它与人的关系，那么它的生存就会轻松些。这和我想象中或者理想中的书店很像。是谁的城市的夜晚亮起一盏灯？电影结束，我离开理想的时候，回头看老街上暖黄的光，抬头看满天星斗和一个舒展的自己。

希望书店是生活的一部分，大家进书店就像买袋盐买个酱油醋那样自然普通。外地游客会来这条街走走，在书店里感受下小城的文化气息。饭店、医药店、渔具店甚至内衣店排列在这条街里，而理想书店就跟它们在一起，与日常生活息息相关。

理想书店就这样安静又晶亮地生存着，直到2017年朝阳街改造工程启动。理想书店支持政府工作，是第一个搬离的店铺。

宜遇见，理想与衡悦

2017年1月7日，新的一年第一个周末，黄历说宜遇见，理想书店开发区衡悦店启程了。而这一天，它没向任何亲朋好友发送邀请函。它希望能够以一种最寻常的方式与大家见面。与书有缘，自然不请自来，这大抵也是对书最好的礼遇吧。阳光、咖啡、纸书、思想、碰撞，都在继续生长，不负冬日，不负暖阳。

"理想"在新的一年里有新的开始，这是"理想"写给一座城的温情的信。

落户大海阳

没有谁是一座孤岛，每一本书都是一个世界。一个好的书店，就是一座城市的灵魂；不是从图书自身出发，而是围绕以图书为中心，建立人与文化、人与城市的关系。

先锋书店创始人钱小华曾经说，什么样的城市就有什么样的书店，一座城市不仅要有宽阔的马路，现代化的高楼，更要有能为市民和漂泊的人提供精神给养的书店。在社区内建立书店，是理想书店与政府的一次合作，也是它新的尝试与发展。从商业中心到社区，理想书店拉近了消费者和书店之间的地理距离；让阅读普惠大众；也拉近了文化与大众生活的距离。

烟台市芝罘区毓璜顶街道大海阳社区被评为"全国最美志愿服务社区"，这也是我省三家获奖社区之一、全市唯一一个获此荣誉的社区。这个社区还有诸多荣誉，它的其中一个文化亮点就是理想书店的落户。

开发区33号书院

2020年7月1日，在党的九十九岁生日来临之际，位于烟台开发区金沙江路155号的烟台城市党建学院33号书院对外开放！而这个书院的参与规划和运营者，正是理想书店的团队，他们的美学素养、对潮流动向的预判，以及对消费者需求的敏锐把握，又一次成功运用。理想就像是一条河流，流淌在城市的脉络肌理中。河流孕生万物。阅读与河流，共生城市。

书院共分为二层，总面积二千三百平方米，由公共阅读区、咖啡休闲区和文化活动区组成。馆藏书约一万五千册，品类齐全，全部开放给公众免费阅读。一根根金属钢管衔接着书架间的几何空间，贯穿书区的铁网，虚实相生，成为这里和未来世界之中的有力支撑。33号书院，是原地址"天山路33号"的进一步延伸，也有《道德经》里"三生万物"生生不息的寓意，作为烟台城市党建学院与外界"开放与共享"的思想会客厅，33号书院还原了一个图书空间本来的样子，使书店更为平易近人，服务公众和陪伴成长。

我们总要不断前行，去寻找生命中的光。从独立书店、商业综合书店、社区书店、美术馆书店到33号书院，理想书店的团队一直在前进中寻找光芒。让读者在书店的阅读转变为"悦读"，让逛书店成为时尚的生活方式，这就是一个书店对一座城市的美好的影响。

电影《与玛格丽特的午后》里有这样的话："有时候我想，应该把我的心空出一个地方，去盛放不切实际的白日梦，在书本里做过的旅行，简单而直接信任人的勇气以及对爱的轻柔温暖的眷顾。"那么同样，应该把城市的心空出一块地方去安放理想，很幸运，烟台有理想书店。

作者简介：山东省作家协会会员，芝罘区作协副主席。文字散见于《诗刊》《星星》《散文诗》《浙江诗人》《山东文学》《时代文学》《青岛文学》等杂志。

安居斯城

鲁从娟

没有经历过背井离乡的颠沛流离，也不曾有曲折离奇的人生故事。我一直守在烟台这座滨海小城，工作，生活，结婚，生子，过着世俗烟火的寻常日子。时光流转，世事变迁，一切都成为记忆。可有一些往事，却并没有随着时光的磨蚀而淡忘，而是变成生命中无法磨灭的记忆。

海防营

年少时，我极少出远门，一年到头围着家门口转转，如井底之蛙没见过世面。黄务与市里相隔二十余里地，不算远，但以前交通不便，上一趟市里不是件容易事儿。倒是父亲，常去市里送蔬菜，回来会捎几袋长生牌花生奶，或一纸包"油炸鬼"给我们解解馋。有一年八月十五，父亲在一个叫罗锅桥的地方买回了一只烧鸡，打开纸包，整个鸡通红油亮，诱人的香味扑入鼻中。年少的我，总认为那种香味就是《卖火柴的小女孩》里烤鹅的味道。那时，市里在我的心目中是"高大上"的，充满着诱惑，可望而不可即。

当大姐二姐出落成亭亭玉立的大姑娘时，有了自己的审美观，嫌集上的衣服太土气，俩人常常结伴去海防营买衣服，我羡慕极了。有一年腊月年跟前，二姐终于带我去海防营买新衣。二姐骑自行车驮着我，顶着寒风，来到黄务九路公交场站，把自行车锁在路边的树上，然后坐上九路车，直达海防营。那时，坐一趟公交车上市里要花两毛钱。

海防营市场在西大街，东边从振华商厦起，穿过西大街至西边的罗锅桥。市场上面是大棚，中间两排长长的水泥柜台。那是服装百货一条街，卖服装的，卖鞋帽的，卖布匹的，还有眼镜、手表、皮包、小镜子、梳子、头花、纽扣等各种日用百货，品种繁多，琳琅满目。正值年关，人群熙熙攘攘，一派热闹非凡的场景。我从来没有看到那么多的衣服鞋帽，那么多的小百货商品。跟着姐姐在人群中挤来挤去，在摊位前摸摸这个，看看那个，如同刘姥姥进了大观园，开了眼界。后来，我工作有了工资，常和同事去逛海防营。先后在那里买过呢子大衣、马海毛外套、蹬脚裤、蝙蝠衫等衣服，穿起来洋气十足。曾花十五块钱买了块电子表，红色的表链子，表盘上只有几点几分简单的一组数字，不断地跳着时间。我爱不释手，晚上睡觉也不肯摘下来。那些年正流行《纤夫的爱》，每次去海防营，从西走到东，到处都是尹相杰于文华那火热的歌声："妹妹你坐船头，哥哥在岸上走……"那旋律，是那个年代的印记，在心中成为永恒。此后一听到这首歌，就想起逛海防营时的场景。在市场西头，有很多棚式小吃部，一个炉灶，几张小桌，简单却接地气。我经常花个块儿八毛的在那里吃碗馄饨或一碟焖子。坐在桌前，看着大姨"滋滋啦啦"翻炒着焖子，那感觉真好，那是最初享受下馆子的快意。

空暇时，回味过往人生，一定会有海防营，还有那激情豪迈的旋律。生命中，有了一段与海防营市场相伴的青葱岁月。

所城里

二十世纪九十年代末期，大姐在所城里住过一段时间，大姐夫公司在胜利路接了个工程活儿，来回往家走不太方便，就暂住在所城里一个四合院里。我去看姐姐，第一次走进所城里，看到旧门，石墙，古巷，老树，还有坐在墙根下晒太阳的老人，处处感到好奇。打量着周围的一切，臆想着这里曾发生的故事。四合院一圈儿都是住户，北屋五间，东西厢各两间，南屋带过道也是五间。大姐住在北屋，进了门，东西各有一个大锅灶，里屋一盘大火炕。东厢屋住着一对中年夫妻，是做鞋子生意的，门口堆着一摞摞纸盒。记得那位女主人一边整理鞋子一边抱怨说，下辈子卖啥也不卖鞋子了，太复杂，一种款式的鞋子从三十几码到四十几码都得备齐，这么多款式鞋子，真是累死人了。从那后，每当看到卖鞋子的，我就感觉他们很不容易。南屋里住着一对老夫妻，老太太干净利落，面容慈祥，一来二去和老太太熟悉起来。老大爷瘫痪在床，老太太一会儿问老伴喝水不，一会儿问吃水果不，饿了没。那声音柔柔的，好像哄小孩似的。老太太干活非常仔细，坐在院里择韭菜，一根韭菜择完了，用小刀把根部接触泥土的地方割下来一小截儿，怕洗不干净会牙碜。有一天下午，大姐早早做好晚饭，要带我去人才市场那边的广场（现如今的新华书店位置）看跳舞唱戏的。未等走出门，老太太喊住大姐说："你做好饭了吗？男人在外面干活不容易，劳累一天了，别让他回家饿着肚子。"大姐连忙说做好了，扣在桌子上呢！老太太这才放心了。这个小细节，被我牢记心中，很受影响。

我还曾在那个四合院住过一宿。是夏天，挂着蚊帐睡觉，半夜被蚊子咬醒，伸手一摸，腿上密密麻麻的包，腿贴蚊帐边上了。第二天早晨，看见一位大叔挑着水桶来四合院里挖大粪，"稀里哗啦"一阵响，令人作呕的气味飘散了一院子，我使劲捏着鼻子。而那位大叔却一点反应也没有，面部平和从容，挑着担子悠然地迈出了大门。这份脏活儿，以及那位吃苦耐劳的大叔，亦同样深深印在我的脑海中。

我只不过在所城里住过一宿，去过三五次而已，可不知为啥，此后多次梦到所城里，梦到墙上的拴马石，梦到那个小四合院，还梦到老太太推着轮椅和老伴儿坐在小院中间那一方日头下晒太阳。近些年，我常去所城里图书馆听讲座。每次穿行在街巷之中，抚摸着古老的木门，厚重的石墙，神秘的拴马石，古树名木，感受历史的沉淀和物是人非的沧桑。在沉寂的街巷里兜兜转转，寻寻觅觅，却找不到大姐住过的那个四合院，也不知那位慈祥的老太太现在是否安好？

幸福河

我结婚时，先生在幸福河街一家副食品公司干会计。后来改制，这家副食品店被先生承包。那时，我闺女才几个月大。这么大个商店先生一人根本忙活不过来。无奈，我辞去工作去店里帮忙。一条长长的幸福河好几里地，北到幸福中路，南到幸福南路，两边店铺林立，形成一个马路自由市场。

二十多年前，没有现在这么多大超市大商场，人们习惯在街边小店购物。每天早晨一开门，就有很多顾客进店买东西，尽管来店里之前，先生在家对我进行了多日调教培训，往我大脑里灌不少生意经。可那么多顾客一拥上来，我就慌了神，越着急越紧张，算账老出错。先生经常看着我摇头晃脑，"朽木不可雕也"。我不是做生意的料，赶鸭子上架，万般艰辛枯燥，好在每天都能看到报纸，那滋味，好像沙漠里看到绿洲，空城里看到亮光！

二十多年前，《烟台晚报》是在下午发行，每天下午两三点钟，街上卖报纸的吆喝声此起彼伏，"晚报，晚报，《烟台晚报》"盖过了一切商贩的叫卖声。至今仍清晰地记得卖报纸的火热情景，有位大姐四十多岁的年纪，天生一副笑模样，说话快言快语，腿脚也快，总是第一个到达。大姐赶着一辆自行车，不骑，踩着脚蹬子遛，来来去去一阵风似的。车腚上搭一个大帆布袋，一分为二，两面都是满满的报纸。路过我家店门，先扔过来一份报纸，来不及收钱，就急急往前奔。转一圈儿再回来，包里空空如也，报纸卖得一张不剩。再挨家慢慢收钱，哪家商店、哪个摊位送了报纸她都记得门儿清，绝对不会出现差错，记忆力相当惊人。接着，卖报纸的大部队浩浩荡荡都来了。有位大叔嗓门儿特别大，"晚报，《烟台晚报》"的吆喝声惊天动地。大叔斜背一个大书包，报纸装在里面，手里抱着一摞，一年到头戴着一顶鸭舌帽，遮住大半额头。那位大胖姑娘来得最晚，嗓门儿也不小，抱着一摞报纸慢吞吞地走着，只顾仰着脸吆喝，不会灵巧向顾客兜售。我几次试图买胖姑娘的晚报来着，可那位腿快的大姐总是捷足先登，不管三七二十一就扔过来一份晚报抢占商机。

在幸福河四年，每天一份报纸雷打不动。一直到现在，二十多年来，从未和晚报分开过。有位大姐四十岁左右的样子，常在晚报上发表小文章，来我店里找过几次样报，我非常羡慕和敬佩她。时隔多年，我已经记不起她的名字了。因报纸结缘的铁杆顾客朋友不少，一摞报纸摆在桌子上，进店的顾客随手翻阅报纸，笑谈趣闻，热议时事，乐在其中。有次婆婆抱着我闺女来店里，咿呀学语的闺女拿起桌子上的报纸玩，看见报纸封面有国家领导出国访问的画面，突然冒出一句"中华人民共和国，澳门回归"，把我们惊得瞠目结舌。正好一位大爷在店里买东西，端详着我闺女说，这小孩天庭饱满，地阁方圆，长大了肯定有出息。让我欢喜了好一阵子。

先生对报纸上有关股市的内容感兴趣，天天读报研究股票行情。我对数字迟钝，先生却对数字特灵通，对炒股感兴趣。外出送货的路上，他看见证券营业厅，非得跑进去瞅上几眼不可，芝罘街头多家证券公司都曾有他的身影。观看股市行情，买进卖出，高抛低吸，不亦乐乎。看着账户上的资金与日俱增，我也是热血沸腾，曾跟着先生去过胜利路那家证券公司，站在人头攒动的大厅里，看着花花绿绿的大屏幕跳动着数字，与众多股民一起，感受大盘起起落落，见证红与绿的悲欢。一路炒来，先生从散户大厅，炒到中户室，幸遇"519"井喷大牛市，也经历过股市低迷期，酸甜苦辣品尽股市沉浮。

我们会隔三差五回家一趟，白天忙，都是赶晚上的时间。可谓是"早上不见日东方，晚归常伴月西窗"。冬天先生开着那辆兔儿车（三轮车），后面有个车篷可以避风寒。有时天气实在太冷，我干脆塞进驾驶室，和先生挤挤挨挨，相互取暖。夏天先生就骑嘉陵摩托载着我，从幸福南路，奔上化工路，然后一路南下，经过只楚、东南哨、上蓬、西牟，就看到俺村头了。此时，我们愈加着急见闺女，加大油门，车子飞驰在路上，风掀起我的裙摆，撩起我的长发。我们俩常常激情豪迈地在夜空下齐声唱歌："北京的金山上光芒照四方，毛主席就是那金色的太阳……我们迈步走在，社会主义幸福的大道上……"

几年来，哪段路上有个坑，哪段路有几棵树，哪段荒郊有两间小房子，都倍儿熟。幸福河，是我们的梦起航的地方，那里有我们拼搏的印记，有笑有泪，有苦有乐，那是生命中一段激情燃烧的岁月。

文化路

奋斗，我们一直在路上。从摩托车、兔儿车、夏利轿车、北京现代、商务车一路开来，至今仍在芝罘街头安居乐业。店面也从幸福河搬迁至文化路，在这里结识了好多朋友，遇到好多暖心的事儿。

譬如说，潇洒帅气的老吴，他性格随和开朗，天天笑呵呵的像捡了个宝贝似的，一副喜庆模样。老吴经营一家干海产品店，是十几家商场超市的供货商。虽然很忙，可稍一有空，就逛家坐坐，那家站站，调侃几句，"哈哈哈"的爽朗笑声能传出去老远，隔着几家店面都能听得到。老吴的人缘好，朋友多，有当官儿的，有企业家，有生意同行，有收废品的。收废品的那位老哥腿不好，走起路来一瘸一拐。每次来这里收废品，老吴就把店里的纸褙拿给他，不要一分钱。有时候没有废品，老吴还挺过意不去似的，扒拉着找找，把纸箱腾出来几个给他。喜得那位老哥每次见了老吴一口一个"老弟"叫得很是亲热，还曾特意从老家捎回一兜红皮大地瓜送给老吴。只要在报上看到生病住院的困难户，或面临失学的莘莘学子，老吴总会慷慨解囊，给予帮助。然后说，人活在世上，谁能没有难处？每当秋风起，路边的法桐开始落叶，每当年迈的环卫工人清扫到这里，老吴就上前接过大扫帚扫上一阵，说活动活动筋骨，锻炼一下身体。这一扫上了瘾，老吴干脆自己去买了把大扫帚。早晨店门一开，就挥起了扫帚，金黄的落叶"哗啦啦"唱着欢歌翩翩起舞。生活中，总有一些人，让人一想起来就感觉心里暖暖的，嘴角上扬，满是笑意。

凡间凡事，凡人凡语，"平凡的人们给我最多感动！"芝罘街头的好人还有很多：她是我多找了钱又急匆匆送回来的顾客大姐；他是你赶公交车时多为你停留一会儿的司机师傅；她是递给流浪老人一份早餐的我……没有感天动地的事迹，都是日常平凡的小善举，与我们的生活都很近，每天都在芝罘街头上演。这些朴实的举手之劳，温暖了这个世界！

"仙境海岸，鲜美烟台"，这里没有大城市的喧嚣，只有小城市的妩媚。小城宁静安详，美丽富饶，人文和谐，民风淳朴。

自然环境优美清静，生活节奏轻松闲适。不羡慕大城市的繁华，不向往外面的精彩世界，唯愿守着小城，安居家乡。

作者简介：山东省散文学会会员，烟台作协会员，芝罘区散文学会副秘书长兼理事。在杂志报刊发表散文随笔三百九十余篇，偶获小奖。

那个梨香弥漫的梦

姜雪梅

当浓郁的梨香渗入鼻孔，瞬间直抵大脑，轻轻咬一口，蜜汁由舌尖开始，梦的片段在口腔散开，打开了口水的阀门，进而入喉，入肺，入心，一股清香便在心里弥漫着，沁人心脾。不由得还想咬下一口……他在梦里呱吧着嘴，咽着口水：甜！香！脆！电话铃声无情地惊醒了梦，他回味着梦里甘甜梨香，笑了。

类似的梦境时常交替着光顾他的午夜。梦的片段时常在脑海里排列组合着，梨香情结难以忘怀。

他的家位于驰名中外的莱阳梨产地——五龙河畔的芦儿港村。小村西临五龙河，东、南、北面被大片大片的梨园围绕着。那一片神奇的沙土地孕育出了驰名中外的莱阳梨。

记忆里，每年春回大地，万物复苏，洁白的梨花开满枝头，千树万树梨花开的盛况，一望无际的素白，演绎着浪漫的色彩，惊艳了世界，美到极致。他最喜欢跟着当村支书的父亲到梨园，光着小脚丫，在细如面、温如水的梨树下穿行。父亲带领村民们授粉，他跑累了，在一棵大梨树下，睡着了，阳光透过梨花温柔地抚摸他的脸，微风吹过，有花瓣落在脸上，似梨花仙子的吻，他在梦里羞涩地笑。由梨花装点的梦平添了几分纯真。

金秋十月，梨园里硕果累累，金灿灿的大梨压弯了枝头。浓浓的清香覆盖了梨园，覆盖了村庄。父亲带领村民采摘着丰收的大梨。他在自家梨园找一棵最大的梨树，坐在树杈上，捧着又脆又甜的大梨啃得眉飞色舞。

梨园边上堆起了梨的小山，各种车辆如约而至，各种口音的商人与梨农讨价还价，一箱箱、一车车莱阳梨由小村运到全国各地。卖完了梨，家家户户传出了欢声笑语，父亲对酒当歌，哼着吕剧，满满的成就感。

梨农的秋，是金色的，璀璨夺目的。他们收获着沉甸甸的喜悦，甜丝丝的满足，美滋滋的骄傲。

奶奶挎着篮子把树下落地的梨捡回家，有干巴的、小的，洗净，削皮，放进大锅里煮呀熬呀，家里飘荡着甜丝丝的梨香，他常常搬个小凳子，帮奶奶烧火，奶奶给他讲着莱阳梨的故事：

相传古时候有个姓董的书生，进京赶考途中突发疾病，走到莱阳境，已茶饭不思，病入膏肓，咳嗽不止。遵医服药，病情日渐加重。一天，走到五龙河畔，被一股特别的芳香吸引，抬头见到一片梨园，梨树上金光闪闪的大梨挂满枝头。一棵大梨树后走出一位长者，鹤发童颜，手中托着一个金黄的大梨，对书生说：我劝公子莫悲伤，你每日饭后食此梨一枚，一个月后病必痊愈。书生接过梨，道谢后咬了一口，并未细嚼，那梨如酥如饴，化为蜜汁，只觉得口中生津，五脏滋润，六腑清爽。书生高兴地说：妙哉！此梨！莫非神乎？长者笑道：我看公子福相，前程无量，大比之年，秋试不可错过也，我送你莱阳梨一筐，你可边走边吃，既可驱汝之病，又可增汝阳寿。书生万分感激，叩头谢过。长者飘然而去，只有一筐莱阳梨在树下。书生边赶路边每日饭后食梨一枚，病情逐渐好转，行至长安，病体康复，剩下四枚莱阳梨也不舍得吃了。秋试书生中了状元，天子爱才，见书生英俊不凡，又将公主下嫁与他。洞房花烛夜，书生将剩余四枚莱阳梨与公主分享，公主觉得莱阳梨的滋味没有哪一种果子能比得上，因此，留着两枚献给皇上和皇后。皇上和皇后品尝以后，赞不绝口，皇上说：此梨堪为梨中之优，美哉此梨！自此，莱阳梨便列为皇家贡品名扬天下了。

听着奶奶讲故事，尝一口奶奶熬好的甜甜的梨膏，他的心被幸福塞得满满的。入夜他的梦里又多了个与莱阳梨结缘的状元郎。看着奶奶把梨膏装进一个个罐头瓶里，他知道患有气管炎的奶奶这个冬天又有了解药。很多个寒冷的夜，奶奶的咳嗽声将夜分割成多个章节，只能半坐半躺的奶奶吃下一勺梨膏便可安稳地睡觉了。

他幼小的心灵里，便虔诚地爱着那一瓶瓶褐色的黏稠的梨膏。

长大后到外地上大学，在省城就业后回家的时候就少了。一年国庆假期，带了女朋友回家，饭菜上桌，仍不见父亲归家，他来到梨园找父亲，远远地看到父亲在跟人争执着，拉扯着，快步走近，父亲两手抓着一个村民的锯子嚷嚷着：不能啊不能锯，我是村支书……

支书，我也是没办法，我也是为了经济效益，你看前两年嫁接台湾梨的梨农，利润比咱高多少，我得养家糊口啊。

其他村民随声附和着：我们也嫁接别的，去年莱阳梨丰收了卖不出去的有多少，眼睁睁看着坏掉，又难储存……

几个村民不管不顾地锯着梨树枝，父亲还在徒劳地制止，无奈地抚摸着被锯断的梨树枝上白色的汁，泪流满面：这是老梨树的泪呀。父亲绝望地蹲在地上，双手抱头，老泪纵横：老祖宗留下的梨树就这么毁了？作孽呀！

他扶起父亲：爸，回家吧。咱一起想办法。那个秋夜，他失眠了，深深地理解了父亲对一片片梨园、一棵棵老梨树的那份执着、专注、痴迷，父亲深深地热爱着脚下这片土地，热爱着百年传承的梨文化！这是父辈祖辈几代人的心血呀！是他们毕生为之奋斗的事业！回到省城，他做了一个惊人的决定：辞职，卖了婚房，回家乡承包了三百亩梨园，保护老梨树，建设先进的梨膏生产线，解决了梨农卖梨难、不易储存的难题。

当父子俩站在百年梨树下，满目硕果，梨香扑鼻；当父子俩凝视着无菌流水线上消毒、清洗、榨汁、罐装、封口……那个梨香弥漫的梦在父子心中五彩斑斓。

作者简介：山东省散文学会会员、山东省散文学会莱阳创作之家秘书长，多篇散文发表在人民日报（人民数字）、《齐鲁晚报》《当代散文》《胶东散文年选》《胶东散文十二家》等报刊及多个网络平台。

走啊走，走到登瀛桥

庄志亮

2021年五一劳动节，我穿上汉服，参加了蓬莱阁管委会举办的"仙风汉服盛典"活动。春风和暖，衣袂飘飘，随礼仪队列行走在小海西面的观光小路上，心情无比畅意。极目远望，蓬莱阁更显妩媚。来自全国各地的文化团队身着盛装，各展风采，为蓬莱阁风景区描摹了一笔亮色。

走啊走，走到登瀛桥。大家站在登瀛桥上，为美丽的水城景色而陶醉。海水绿莹莹，游艇静卧，与飘拂的长袖互相掩映。呜呜作响的航拍小飞机在半空中穿梭，它们好像忙碌在花丛里的小蜜蜂。

在登瀛桥上向西望去，我生活了二十多年的老屋似乎又默立眼前。这里的每一寸土，每一片海，都常常萦绕在我的梦里。如今故里就在眼前，却早已不见昔日踪影。小海岸边游人如织，面对这魂牵梦萦的水城小海，我的那首《时光水城》再次回响耳畔："水城，你是一湾宁静的心湖，走进我的故事，记录我的光阴。辗转多年，回望来路，我还是愿意留宿在这里——我的水城。"

翻开历史的画卷，名闻遐迩的美丽蓬莱，在历史的演变中形成了三座城：府城、水城、沙城。

水城，是继登州府城之后的一座城邑。水城原本只是丹崖山下的一个小镇，宋朝时被称为刀鱼寨，寨子四周没有城墙，只有一道沙堤。到了明代洪武九年（1376），才以原刀鱼寨为基础，将画河入海口改道城东，成为水城的护城河，而将旧河口疏浚扩大，修建了码头和土城墙。明万历二十四年（1596），城墙改为砖石结构，并增设了炮台。此后又经过了五次重修和扩建，才形成了今天的规模。整个水城由小海、码头、城垣、敌台、炮台、空心台、平浪台、防浪堤等部分组成。城门有二，北为水门，俗称关门口，是城中小海通往外海的唯一通道；南门称振扬门，初设时为土门，后改为砖券门，上筑三重飞檐门楼。水城的修筑，在海上建筑技术和结构布局方面取得了卓越的成就，在我国海港建筑史上占有重要的地位。

水城是登州古港所在地，早在春秋战国时期，这里便是"海王之国"齐国的出海口，是中国北方海上丝绸之路的起点港。隋唐时期，登州港达到鼎盛，成为中国北方最主要的港口之一，与泉州、扬州和明州并称为中国四大海港。这里的海洋文化所蕴含的蓝色文明，以及其中所承载的海上廊道与丝绸之路、海疆临控与海防军事、仙道信仰与偶像崇拜、渔猎活动与民俗风情，在整个地域与古城的发展变迁过程中，留下了太多的历史记忆。

水城不但是一个商业码头，而且是一个军港，自汉以后的海上对外用兵，这里都担负着重要的军事运输任务。到了明代，军事地位尤为突出，这时的水城被称为备倭城，驻守水城和巡防登州海域的水师最盛时达六个营。

水城还是海上求仙的策源地。早在战国时期，齐威王和齐宣王就遣人入海寻找蓬莱、方丈、瀛洲三座神山，秦皇汉武更是不遗余力地将海上求仙活动推向了高潮。当时的水城古港，便成为帝王们海上求仙和寻觅三神山的频繁出入之地。

此时，我们所站立的桥命名为"登瀛桥"，的确有它深厚的历史文化内涵。这座在小海偏北部的葫芦形丫腰处东西走向的五孔石拱桥修建于1995年。之前，民国时期修建过一座木桥，当时称为天桥。后来水城北面的水门上面的横桥亦被称作天桥，水城小海的港口码头便被称作天桥口。史料没有记载的天桥历经数次修复，最终成了现在的样子并赋予了它非常文气的名字。据说，当时在蓬莱任职的市委副书记徐明，是一位很有文化修养的行政官员，为了石桥的命名，他很是费了一番心思。这"登瀛"二字隐喻着人间登州与仙境瀛洲只有一水之隔，这座石拱桥能使登州与瀛洲相贯连，有使人们借以跨埂从人间到仙境的美意。借助此桥，人们可以登上瀛洲仙岛，尽享仙境的奇趣和仙人的逍遥。据说历史上的确有过叫"登瀛"的河桥，位置却并非在此。旧时的登瀛桥早已不存在了，新建的登瀛桥却如同一道彩虹，在这飞阁流丹的水城小海岸畔，留下了一段登瀛桥的前世与今生的感人故事。

想当年，我的老爷爷庄雁因经商流落到此，他高大、魁梧、健硕，说起话来嗓音洪亮。最初，老爷爷在天桥西头的低洼处开了一间为商船、渔船提供杂货的铺子。定居在水城后，老爷爷用做生意留下的积蓄置办了几处房产，等到三个儿子成年各自成家，他们也都有了自己的住处。

爷爷的大哥和二哥住东营，爷爷是小的就排到了西营（当时小海东面称东营，西面称西营）。我家的祖屋，就是建在蓬莱阁下水城小海西沿上的。这栋房宅是独立院子的，地势低洼，坐西向东，一排六间房子，爷爷奶奶和我的四个姑姑一个叔叔住在南面的三间，北面三间是我父母跟二叔二婶住，偌大的院子里整日热热闹闹的。爸妈住的房子窗后，有一棵硕大的软枣树，每到秋天下霜后，叔叔和姑姑们就会陆续从树上摘下甜甜的黑色软枣与我一起分享。屋前的院子里有一口水井，尽管因为靠近小海，水质不是很纯净，却也是一大家子人洗刷衣物的好地方。五月，井台旁边那棵热情绽放的玫瑰树散发着沁人心脾的清香，奶奶摘下一些花瓣揉碎了兑着炒熟的花生渣和芝麻做一顿味美甜香的汤圆。

后来，父母有能力了，就在院墙东面临近小海的地方建起了新宅。新宅的地基是附近村民堆放废弃石土用的，那时候小海没有石砌的海沿，新宅北门直接就能望见蓬莱阁，往东就是天桥。新旧老宅南面向西有一条通向城外的胡同，这条胡同其实是一个长长的陡坡。我的记忆里，西营西的城墙是土质的，不是太齐整，成了村民家的自然墙。沿着陡坡爬到最高处，眼前豁然开朗，这就到了城外。

父亲在这里一住就是三十多年。

1982年，国务院公布蓬莱水城和蓬莱阁为全国重点文物保护单位。蓬莱政府启动了大规模保护性开发工程，自1984年开始对小海进行清淤工程，当清淤工程逐渐深入时，距离小海两三米之遥的老屋出现了裂痕，负责清淤工作的副市长走进寒舍慰问，帮助寻找解决措施。老屋飘摇，危在旦夕，1990年父母重新翻建了老屋。一家人在新建的防震二层楼房又住了十年，1999年老屋需要搬迁了，父亲在老屋居住了大半辈子，还是不得不跟它说再见，万般不舍萦绕在多少个日日夜夜啊！至2002年七百多户水城居民终于割舍掉祖祖辈辈生活过的、世代赖以维系的身家所在，用豪气和底气配合着工作人员完成了这一伟大工程。

时光荏苒，离开老屋已经二十年。再次来到登瀛桥，站在登瀛桥上看水城，它还是这样美丽！重回这里，谁会知晓，我是在寻找井台旁那一丛玫瑰花香；谁会知晓，我想看看奶奶家院子里的软枣树有没有新芽；谁会知晓，我把父亲的渔网又晾晒到昨夜的梦乡……

微风拂过，我在这片静美的天地里流连，我自豪，我在水城的故址上找回成长的印迹。

愿换了新颜的家乡水城继续华丽升级，让世界各地的游客在登瀛桥上望尽人间蓬莱的妖娆！

作者简介：山东省散文学会会员、烟台市作家协会会员、烟台市诗词学会理事、《山海诗韵》编委、《烟台散文》编委。散文《父亲的幸福》、小说《521颗星星的秘密》、诗歌《花园上的云朵》等分别发表于省级和国家级刊物。

长长的莱烟路

于华英

我常说的莱烟路，是莱阳到烟台的路，从这端到那端大约一百公里，这端是我家，那端也是我家。

一个瘦弱的女子，一手提着个鼓囊囊的提包，一手牵着个十岁的小男孩，急匆匆地从公交车上下来，由于道路的颠簸，小男孩下车明显有些不适，但女子全然不顾，拉着他直奔汽车站的售票处。此刻，是2004年年初的一个周五，夕阳西下，路上满是下班回家的人。而她就是我，正带着儿子回家。家在莱烟路的另一端，这端是我的工作地莱阳，那端是孩子他爸在的烟台。

一千多元的工资，上有父母要养，下有孩子上学，还有房贷在身，我恨不得把每一元钱分成五瓣来花，每周奔波在莱阳烟台，瘦弱的我经常在公交车上被挤来挤去，三十元的汽车票是我来回必须花的费用。每当我自嘲是个为公路事业做贡献的人时，公爹总会说以前的人想做贡献都没有机会。他记忆犹深的是，他的父亲经常提起年轻时为了买救命的药去过一次烟台的经历。那时距今一百年，没有汽车火车，更没有204国道，他的父亲完全靠两条腿，从莱阳经过栖霞到福山再到烟台，饿了啃口干粮，渴了喝口河水，遇见泥泞之路不舍得穿鞋，就赤脚走一阵子，愣是走了两天一夜才走到烟台。

我坐的莱烟客车是两个小时的车程，从车站出发，每天定点发车，路上还会停车捎一些路边等车的人。莱烟路两边的村庄，经常有走亲访友的人在路边翘首以待，看见车来，就兴冲冲地招手示意停车，此时若车里还有剩余座位，司机一般会停车拉客；若车座已满，司机就摆摆手，不减速继续向前，留下路人失望地等待下一辆客车驶来。莱烟路面上被打了许多补丁，高低不齐，凸凹不平。一路颠簸，儿子经常不适。后来，狠心把儿子留给了他的爷爷奶奶，我独自一人每到周末就踏上了回家的路。长长的莱烟路上，风一天雪一天，山一程水一程，留下了一摞又一摞的车票。

夏天的周末，火车时间适合下班后回家，我便改坐火车。莱阳火车站建于1955年，坐落于莱阳城南的郊区，是蓝烟铁路重要的客货集散站，是胶东的交通枢纽，周围县市区的人要出远门，大多转道莱阳乘车出发。栉风沐雨五十多年的火车站有些破旧了，每天如潮水般熙熙攘攘的人流，让它有点不堪重负，它北靠的就是莱阳这座不太繁华的小城市。从城里到车站，坑坑洼洼的沙路，常让我的胃翻江倒海，好在我很快适应了这种颠簸，下了公交迅速排到买车票的队伍里。忽然传来长长的汽笛声，候车室的人开始匆匆起身，拿着重重的行囊拥向站台。上车的人带走了亲人的叮嘱和祝福，下车的人带着一身风尘或到达家乡或刚踏上异地。随着一声鸣笛，火车义无反顾地向下一站驶去，刚刚还热闹非凡的站台，刹那间又恢复了平静。望着渐渐远去的小城市，心里的感怀和惆怅越来越长。前方是家，后方也是家，不知道这火车还要走多远。

"要走三天三夜，才能坐火车从莱阳到达广州。五十多年前，你爷爷还在广州上班，我就是坐了三天三夜的火车去和他结婚的。"婆婆脸上没有嫌弃漫漫旅途的艰辛，笑着对孙子说起这段往事。孙子刚去广州旅游回来，从烟台到广州，三小时的航程。

莱阳烟台之间，或者绿皮火车，或者蓝色汽车，是我那几年每个周末不变的交通工具，风雨无阻。火车上，耳边不时传来南腔北调，或字正腔圆粗声大气，或绵言婉转呢喃软语。遇见节假日高峰，经常买的是无座票，站在两节车厢的连接处晃来晃去。有座位时，偶尔也会在哐当哐当的火车上睡着了。坐汽车时，经常望着窗外的花草树木，叶绿又黄了，花开又谢了。我熟悉这一路上的每个路口，熟知一路上所有违章拍照点与限速，我就像莱烟路上一本安全行驶的活字典。这来来回回的路，留下了我春夏秋冬的奔波。一头是工作，一头是家人，思念是我最重的行囊，牵挂是我放不下的惆怅。

走了一周又一周，过了一年又一年，岁月在车轮滚滚中渐次厚重，莱烟路不断发生着变化。不知哪天忽然注意到道路变宽阔平坦了，不再东一个补丁，西一个凹坑。回家花费的时间缩短了，这让潦草的周末多了些从容，小别胜新婚的欢喜也会经常涌上心头。

2013年，春风吹绿了莱阳的山山水水，到处生机盎然。公爹乡下的亲戚开始频繁地来城里，原来莱阳市十八个镇街全部无缝衔接运行着通往城里的客车，村与村之间全部整修了水泥路。要想富先修路，路通了，贫困的帽子被陆续摘掉，城乡融合得越来越紧密。

城市内的公交车次越来越多，我却不常坐公交车了，打的来回车站是家常便饭。看着窗外平坦的市内道路和精神饱满的行人，整个城市焕发着新一轮的勃勃生机。车站内每隔十五分钟就有一班莱烟客车，让我不再行色匆匆。我会选择车站的首发车，这样可以任意挑选座位，避开过路车上座位的限制，我也有了心情坐下来等车，喝杯咖啡，看看闲书，不再步履匆匆。

这一年，我决定买辆私家车，有了这个念头到新车开回家，仅用一周时间。从此，宽阔平坦的莱烟路上，多了一辆红色的小轿车，那是我每周奔驰在回家的路上。车内循环播放着《我们走在大路上》，向前进，向前进，心情随着歌声欢畅起来。虽然公交车不再拥挤，虽然出租车随叫随到，虽然城市的道路又宽又平坦，但我却爱上了自驾，随心所欲地支配着时间，有时在高速路上风驰电掣，有时在一级路上追风逐日，一路高歌，一路飞奔。我像莱阳这座小城的经济发展一样，学着弯路超车，慢慢驶入快车道，融入向前驰骋的车流中。

转眼到了2014年底，整修后的莱阳火车站焕然一新，新车站气派又大方，成了莱阳的地标性建筑物和地域名片，它以张臂振翅的设计姿势接纳着来自四面八方的宾客。来来往往经过的客车都是时速二百千米以上的动车、三百千米以上的高速列车，一路连东西，天堑变通途。高峰客流量一天曾达到一万多人次，高峰车次一天一百二十列。莱阳真正融入烟威青之间的半小时半岛圈、一小时城际生活圈，提高了作为胶东半岛区域交通枢纽的中心地位，也一下子拉近了莱阳与烟台的距离。坐上动车，我不再觉得是从一个城市到另一个城市，只有三十分钟的车程，坐的更像是"公交化"的动车组，席不暇暖，已经到达我的目的地。

那天我在家群里发了一张照片，是我第一次坐复兴号的车票，儿子说现在手机买票，用二维码或身份证就可进站，不需要费事打印车票的。我说这是G字头的列车，时速三百多公里呢，留个纪念。儿子笑着说我很像他学校的留学生。原来，他学校的留学生很喜欢展示中国高铁，来中国第一次坐高铁都很震撼，纷纷在高铁上留影、拍视频作为纪念。于是越来越多的留学生争相去体验中国高铁，见识高铁速度，顺便在国内亲朋好友面前展扬一下。我和儿子说：告诉你的留学生同学，相信中国，随着"一带一路"合作发展，不久的将来，修路架桥，中国高铁将开进他们的国家。

2021年五一假期，一家人闲坐动车去烟台海边玩，闲聊起出行，儿子在北京上大学，坐高铁四个多小时，乘飞机一个半小时。公爹感慨万分，回忆起他的求学路。那是1963年，公爹去大连上大学（现在的大连海事大学），要从家里步行到莱阳车站，然后坐三个多小时的火车到烟台，再步行去码头排队买个五等舱，一天只有一班去大连的客船。公爹需要一天一夜后的第二天中午才能到校。虽然如此舟车劳顿，但公爹却很知足，因为比起他的父亲两天一夜走到烟台，这速度已是天壤之别了。

"孙子啊，你老爷爷做梦也想不到从莱阳到烟台，会从一百年前的两天一夜缩短到如今的半小时，这么翻天覆地的巨变，只有中国共产党的领导，才能取得这样辉煌的成绩。"有着快五十年党龄的公爹，滔滔不绝地给我们讲一路中国共产党一百年的发展历史与伟大成就，说到激动之处，眼含热泪。

"爷爷，我爸爸妈妈也是共产党员，我准备申请加入中国共产党，下一个一百年，看我们的了！"正值青春年华的儿子，自信满满地说。

刚好，车到站了，从莱阳到烟台南站二十六分钟的车程。

而我的生活还将继续往复在长长的莱烟路上，但我已不再是它怀里的过客。

作者简介：山东省散文学会会员，作品散见于人民日报（人民数字）《齐鲁晚报》《烟台日报》《胶东散文年选》（2020）（2021）《清泉录——齐鲁晚报壹点号优秀作品选集》及行业报刊杂志等。

花 满 城

陈　颖

　　"黄四娘家花满蹊，千朵万朵压枝低。留连戏蝶时时舞，自在娇莺恰恰啼。"初中的语文课上学了这首杜甫的《江畔独步寻花》，于是乎，人生有了第一个梦想——长大要当黄四娘。

　　时光飞逝，转眼间黄毛丫头变成了大姑娘，再转眼就做了新嫁娘。婆家在芝罘区的南尧村，距离市里几里地。此村非彼村，我们的新房是楼房，而不是最初梦想中的有院落的平房，"黄四娘"的梦自此破灭了。工作、生活、养育孩子，忙碌和劳累让爱花的心没了着落，"黄四娘"也真的在心里消失得无影无踪了。

　　2010年4月，单位从南尧搬到了黄务东林这边，每天上班要坐班车经过青年南路到达。每天车从青年南路自北向南去，自南向北回，就在这来来回回中，我的心便有了惊喜。路的两旁，总有花儿盛开。在魁玉路西南边不远，有两大丛深粉色的小花在枝条上竞相绽放，车一晃而过的时候，一种惊艳相伴一种惦念在心里一涌而起。再次经过，我便下车拍了照片，请教姐姐，原来这种拥簇着开放的花儿叫作榆叶梅。榆叶梅代表着春光明媚、花团锦簇、欣欣向荣。当看到红色的榆叶梅花骨朵时，就要相信，春天真的来了。

在榆叶梅热热闹闹地笑在春风里的时候，海棠花也开始悄无声息地挂在枝头了。海棠树立于路旁，从山语世家再往北，一株一株的，每一株上的海棠花都无限地娇羞。春雨贵如油，而海棠花盛开的时候，必有一场细雨来捧场，挂着雨滴的海棠花愈加牵动人的心。"昨夜雨疏风骤，浓睡不消残酒。试问卷帘人，却道海棠依旧。知否？知否？应是绿肥红瘦。"在我看来，绿肥红瘦是一种别样的完美。

眼见到了四月底，又心心念念地想起鲁大的牡丹。据悉鲁大牡丹园里的牡丹是鲁大校友相赠，来自菏泽曹州牡丹园，是货真价实的好牡丹。我爱鲁大的牡丹，并不探究她来自何方，我爱是爱这种真实的落落大方。相约天气清好的早晨，早早步行到鲁大的牡丹园，新鲜的空气，新鲜的牡丹花，醉了眼睛和心扉，每一朵，都让人心生欢喜。2008年，与兰玲姐姐相识于网络，那时候，只知道姐姐年长于我。博客里人多文杂，有时候我手里晃动着鼠标，心却有种无处安放的感觉。一日晚上，点开兰玲姐姐的博文，一篇读后，心一下子安静下来。接着一篇一篇地读，心灵开始震撼，姐姐到底是什么人啊？文字秀美婉约不说，内容更是有思想有哲理。每一篇文章就像一盏明灯，给人光亮、给人明确的方向。后来与姐姐加了QQ好友，遇到不认识的花儿，就发个图片给姐姐，没有想到所有的花儿姐姐都认识，真是佩服得五体投地。2012年5月初，姐姐在QQ里对我说："你那么喜欢花，来我们学校看牡丹吧。"原来姐姐是鲁大的老师啊。从此，以花为媒，每年与姐姐相约于牡丹园。我们见面的时间短，而我又忙着拍花，和姐姐没有过多的言语交流，只是每次道别前，姐姐都鼓励我要多写作，文字可以不华美，但是一定要充满正能量。姐姐的话让我的心暖洋洋的，一股写作的干劲又油然而生。

牡丹的姐妹花芍药在五月初进入花期。芍药园也在鲁大的北校区，位于镜心湖旁。赏芍药得有空闲，早晨的芍药是害羞的，花瓣合拢着等待阳光。到了上午九十点钟，阳光无私地洒向大地，芍药感受到了温暖，紫红色的花瓣便羞答答地开。阳光越来越强，芍药花就开得越来越肆无忌惮、热情奔放，完全不见了早晨时的样子。芍药被称为爱情之花，古代男女交往，以芍药相赠，表达结情之约或惜别之情，故又称"将离草"。"芍药绽红绡，巴篱织青琐。繁丝蹙金蕊，高焰当炉火。……结植本为谁，赏心期在我。采之谅多思，幽赠何由果。"读罢唐代诗人元稹的这首《红芍药》，没有见过芍药的人是不是想尽快一睹芳容？

2005年，我们搬进了富顺苑西区的新家，就在我家楼的两旁，有两排樱树骄傲地生长着，一年比一年高大繁茂。每年的四月初，几株早樱迎着乍暖还寒的风盛开了，开得真真切切、无忧无虑。白色的单瓣樱花映着蓝色的天空，让人的心胸一下子开阔起来。到了四月中旬，两种大概叫作八重樱的携手绽放，一种淡粉色，一种深粉红色。幸福就在一夜之间来临了，早晨，在樱花树下走过，带着美好的心情去上班；傍晚，又在樱花树下返回，走进温馨温暖的家。风儿拂面，有淡淡的香吹来，樱花在树上在风里飘动，树下的我是不是真的成了"黄四娘"呢？

梅花应该是最早印于我脑海的花。小时候看露天电影，不知道电影名，看女主在绣梅花，一朵朵五个花瓣的红梅绽放在洁白的绣布上，温柔中带着刚毅。女主不小心用绣花针刺破了男主的手指，女主心疼得要命，男主将手指尖上的鲜血印在绣布上，像一个花骨朵傲然于枝头。然后女主和男主相视而笑，双眸都脉脉含情。小时候并不懂得什么是情，只知道那画面美得很。后来猜想女主角可能是梅表姐，男主角应该是觉新。忘记哪一年开始到南山公园梅园里赏梅，梅园里的梅花有太多的魅力，一年看不够，来年再去，孩子他爸好个不情愿，看了再看还有什么意思呢？我也不用纠缠，两句好话他就又开始护航。漫漫婚姻路，可以任性，可以洒脱，这就是幸福。

"水陆草木之花，可爱者甚蕃……予独爱莲……"因为挚爱荷花，就顶着七月的烈日，去东郊的东山宾馆、去开发区的科技大厦看荷花。去年盛夏里一日，在朋友圈里看到一个链接，得知在离家不太远的芝罘区夹河湿地公园里也有荷花，于是与相识不久的诗友道芸姐相约，赏清荷于夹河湿地公园。两个人边走边打听，寻寻觅觅而后豁然开朗，远远地看到湖里的荷花在风里向我们招手。两个半百女人，因荷花、因池水、因夏风、因诗句，便有了说不断的话。赏荷因有缘，结友因有缘。因为缘，后来赏花的队伍开始壮大，同是爱好写作的金玲姐、娟姐、颖婕妹，连同道芸姐和我，只要有时间，便会相聚在优美的风景里。

喜爱花儿的我啊，差一点儿忘了月季，月季在南山公园的玫瑰园、在鲁大的校园里、在所有的居民小区里都可见。可以开在四季的月季，代表着勇气和坚贞，代表着独特和个性，代表着纯洁和优雅……其实，在我们芝罘区，各种花儿数不胜数，初夏热烈的蔷薇、盛夏灿烂的紫薇、秋天安静矜持的木槿、冬天淡然幽香的腊梅……

4月出生的我，此生与花儿有了割舍不断的情。有人追求诗和远方，而我眷恋诗和身旁，在芝罘工作生活了三十余年，我越来越爱花开满城、花香满城的芝罘，也越来越爱这座城的人。

作者简介：山东省散文学会会员，烟台市作家协会会员，芝罘区作家协会、散文学会、诗歌学会理事。

藏在老宅里的记忆

梁绩科

老宅是我出生的地方，建于1913年。老宅由青石砌成，典型的胶东虎皮墙，上覆小瓦，窗门处嵌以青砖。房内梁、椽、檩、柳条笆齐全，尤其是那房梁，长短、粗细、间距统一，抬头上望，煞是好看。门槛又宽又高，房门都是朱沿黑漆，推拉起来又重又沉，窗户都是小格栅的，一色的红松料，烟熏火燎过百年，一打眼还是古香古色。

老宅走北门，院子很大，从正门到街门铺了一条弯曲的石板路。父亲喜植树，香椿、桃树、苹果、枣树、樱桃、丁香、梧桐等或沿院墙，或在院中错落分布。这还不算，父亲还在北墙下移栽了两棵月季和芍药，西墙边栽了一排百合花。院子里一年四季，花开不断，尤其是春夏两季，更是花香四溢。

记事起，院中的那棵梧桐树就长得高大挺拔，树干笔直，像极了一位帅气逼人的美男子。随着岁月的流逝，这棵梧桐树越发高大起来，枝繁叶茂，遮蔽了大半个院落，那树干粗到就连一个成人也搂抱不过来。上学、放学的路上，上山剜菜、拾草时，不经意间回望村子，首先映入眼帘的就是这株高大的梧桐树。炎炎夏日，酷热难当，白天我们哥几个和伙伴们就在这棵梧桐树下游戏玩耍；夜幕降临，就搬几个小板凳，坐在树下，或听大人们唠着家常，或透过树影婆娑的月影，想象着天上人间的故事。树下，人在低语；树上，成群的麻雀则叽叽喳喳，叫个不停。忽一日夜晚，我们刚在树下坐好，村里有一位退役的海军军官，是玩枪的高手，只见他手拎着一把气枪，他的儿子跟在后面，闯进了院子。儿子一手拿着长把手电，一手拎着一只小铁桶，原来他俩是循着麻雀的叫声来的。

打过招呼，两人便配合默契，行动起来。儿子用手电照住麻雀，父亲便端起气枪，枪响鸟落，枪枪不空。不一会儿工夫，水桶就装满了。要知道，那年月，麻雀因爱偷吃粮食而被归为"四害"之一，是不被人同情的，况且当时人们尚不能解决温饱问题，有这一桶麻雀肉来改善伙食，让我们兄弟甚是艳羡了好久。

1976年唐山大地震后，我们胶东地区为了防震，家家户户要自建防震棚，且不允许在屋内睡觉。奶奶年迈，行动不便，父亲就在炕上用两条长木凳支起两扇门板，作为他俩的避震设施。安顿好奶奶，父亲又在这棵大梧桐树旁利用玉米秸搭起了一个简单的防震棚，里面铺上被褥，利用油灯照明。第一次住草棚，我们都感到很好奇，丝毫没有紧张害怕的样子，直到那年除夕，天寒地冻，外面不时传来"啪啪"的鞭炮声和大孩子们在街上奔跑嬉闹的声音，人躺在草棚里根本睡不安稳。于是我们就不时地钻出来，一会儿在街门口放一会儿鞭，一会儿点上灯笼这儿照照，那儿看看，疯够了，累了，再钻进草棚里躺一会儿，几番折腾下来，天也快亮了。最后，随着大人的一声吆喝，就都起来随着街上的人流走东家、串西家拜年去了。

写到这里，该说说老宅正门前的那棵丁香树了。这棵丁香树龄近五十了，腰身歪扭，树干上长着一个硕大的树瘤，每当春天花开时节，那一树小小白花，散发出的浓郁香气，随风飘荡，足以溢满整个街巷。那树形、那香气，周边罕见，被父亲视作镇宅之宝，惹得好多人上门观赏，甚至有人想要求购，都被父亲一一婉拒了。只是前年，由于树芯遭受病害，慢慢枯萎了，真是可惜之极！好在，它蘖生的小树苗，在原先的位置上，又郁郁葱葱地成长起来了。

除了树和花，记忆中小时候的雨和雪，也给老宅带来了无限生气和景致。小时候的雨，那可真叫大，尤其是夏天，天空中低垂的乌云，似群野马，随狂风在老宅上空快速掠过。这时，我心中就会想起那首朗朗上口的谚语："云彩向东一阵风，云彩向南雨涟涟，云彩向西披蓑衣，云彩向北一阵黑。"据此，你自会判断出天是否真会降雨。那些蚂蚁搬家、蛇过道、水缸穿裙等下雨前的征兆都曾在老宅一一上演过。滂沱大雨从天而降，院里、街道上瞬间水流成河，在哗哗的雨声中，不时传来"轰隆隆"的声响，听那声音，你就大概能判断出是谁家的院墙倒塌了。雨稍停，你跑出去看，基本没错。那时节，水泥稀少，墙都是碎石块和着黄泥砌起来的，在大雨的冲击和雨水的浸泡下，焉有不倒之理。雨过天晴，你会发现，房檐下那排青石上水滴穿石形成的小孔仿佛又大了许多。

小时候的雪可真多啊，纷纷扬扬的雪花从天而降，下起来就没有完，很快就覆住了房顶，堆满了院子。太阳升起，积雪开始融化，滴滴答答，像极了音符，在院中奏响。经过夜晚的低温后，这些雪水便会变成长长的冰溜子，在屋檐下挂满长长的一排。这时的父亲，一边用木锨将院中的积雪从墙头上扔出去，一边小心翼翼地将正在滴水的冰溜子敲几根下来，递到我们手中，让我们一边玩耍，一边吸吮。

时光荏苒，很快来到了二十世纪八十年代，联产承包之风一夜之间吹到了家乡这古老的村落。为了晾晒粮食方便，老宅的青石板路很快被水泥场院取代。这时的我们，也纷纷结束了童年，长大成人了。当兵的当兵，考学的考学，打工的打工，陆陆续续地，我们兄弟四个走出了老宅，踏入了社会，老宅里只剩下父母还在坚守。

二十世纪九十年代，兄弟们相继成婚，有了下一代，老宅里又开始传出了欢声笑语。忙碌一生的父母，刚清闲了没几年，就又开始了含饴弄孙的新生活。随着一个个孙女的降临，有些重男轻女思想的父亲，坐不住了。在老四结婚之前，根据居家风水，将院墙全部推倒，在院子的东边，盖起了三间大厢房，门楼也建成了飞檐翘角的仿古式。这时的我，每当休班之日，必上市场，买上大人孩子喜欢的蔬菜、水果和鱼肉等，大包小包地拎回家，一方面看望老人，更重要的是看看自己的孩子。推开家门，经常看到的场景是母亲在院子中间铺上一领炕席，两个孩子在炕席上玩耍，或做游戏，或玩玩具。母亲呢，则独坐一旁，一边低头做着家务，一边抬眼望望自己的孙女，脸上洋溢着幸福的表情。

春天到了，母亲就会挎起篮子，一手一个领着两个孙女，来到村边地头，教她们认庄稼，辨野菜，顺便剜些苦菜、荠菜回家；槐花飘香的季节，母亲则带领着孩子，来到村东山堾槐树密集处，用铁钩撸起了槐花；夏季来临，蝉声四起，手巧的母亲则在长竹竿上绑上用蚊帐布做成的口袋，在老宅的院子中，四处网起了蝉，蝉到手，系上细线，交给孙女们把玩，玩够了，就掐去翅膀，用盐水一卤，再上油锅一炒，吃到嘴里，那可真是唇齿留香；雪花飞舞的季节，祖孙几人干脆就来一场围炉夜话，炉上燀着饭，炉边烤着薯片，一边烤着一边吃，其乐融融。端午节包粽子，编百索，七夕节磕巧果，八月十五吃月饼、跪拜月婆婆的情形至今还留存在孩子们的脑海中。如今，孙女们早已大学毕业，踏上工作岗位了。这时的老宅，只剩两位老人了。

随着年龄的增长，父母身体渐衰。前年冬至那天，母亲病倒住院，出院后已近年关，因不放心两位老人在乡下越冬，大哥决定将老人接到城里自己的家中。今年春节前，我也将父母接回家中，不料在正月，父亲也因病住院了。春暖花开时节父母回到乡下，身体逐渐康复，脸色也越发红润起来。经过斟酌，感觉他们生病的原因就是久坐少动，缺少街坊邻里走访互动引起的。经兄弟们协商，今年老人的越冬问题要做两手准备。首要任务就是将老宅进行改建。于是，春天就请来施工队，在院子的西北角盖起了三间平房，装上太阳能，院子拉上二墙，老宅里安上空调，装上土暖气。

经此改造之后，老宅仿佛焕发了新颜。风起，传入耳畔的是唰唰的疏竹声；花开，映入眼帘的是蜂飞蝶舞的景象，时钟慢转，四周静逸。在空调营造的凉风下，暖气烘出的热气中，街坊邻里的叔叔、婶婶们和父母亲围坐在一起，唠的是家常事，诉的是里巷情。如今，老宅就像一位穿过时光隧道的百岁老人，如佛陀般微笑着，静观发生在其面前的一幕幕人间戏剧。

如今，我已是知天命之年，退休已是指日可待。届时，厌倦了都市喧嚣的我，定会退守老宅，或莳花弄草，扶桑竹篱；或一书在手，香茗一盏，在茶香氤氲中领略世间沧桑，人情冷暖，独守内心的清净；或引三五知己，或对饮，或小酌，安享"谈笑有鸿儒，往来无白丁"之乐，岂不快哉！

此景可待矣！

作者简介：山东省散文学会会员，山东省散文学会蓬莱创作之家秘书长。散文作品《寻找生命中的高光时刻》《母亲》《洗鱼》《那年芳华》等发表和收入《胶东散文年选》《当代散文》《川鲁现代散文精选》《胶东散文十二家·梁绩科卷》等选本。

会仙山，翻开尘封的笔记

李文毅

会仙山坐落在山东招远东北方向，山势平缓，宛若长龙，是一处风景秀丽的好地方。仰望会仙山，我们一定要解读它的历史与从前。

《山东省招远县地名志》记载：会仙山，位于招远县城东北十二点五公里，东临大沽河，西靠恶沟。海拔二百八十五公尺，方圆二平方公里。相传，元世祖忽必烈入中原后，最崇道教，因常有道教徒云游此地，故称会仙山。此山地势普遍较高，春季到来，山下桃花开满院，山上杏花方吐蕊，因自然地势不同，致使其景色各异。

在上述文字里，我们寻找到一个世外桃源般的会仙山。

会仙山东麓下有一座村庄叫于家夼，村中年近九十岁的两位老人李登弟和王连春介绍，会仙山上有会仙庙，会仙庙在会仙山顶，分别有老母娘娘庙、伯母娘娘庙、筋骨老爷庙，面向东南，前面有院墙，开东南大圆门。山神庙在院墙外。会仙庙前有戏台，每逢庙会有剧团在上面唱戏。至今还有残存的戏台泥堆，不知道经历多少风雨。几座庙中，最大的伯母娘娘是石头庙，高有一米八左右，宽有两米左右。若下雨时节，经常有乡村孩子躲进庙中避雨。乡间传说，李登文幼时与父亲一起上山割稻子。父亲早先回家，李登文独自一人回家途中，突然乌云密布，暴雨将至。李登文路过会仙庙，迅速跑进伯母娘娘庙。一会儿，倾盆大雨从东北面泼过来，他抬头看天空望见一条大龙活灵活现往西南下去。他告诉自己的小伙伴，天上的龙和年画上的龙一模一样，龙鳞有碗口大小。筋骨老爷庙，经常有人前来上香。有"二月二去挂香，狼和犸不吃人"的说法。旧时，人们劳动强度大，经常疲劳，常有人筋骨出现问题。谁家里有人腰酸腿疼，都跑到山上去给筋骨老爷烧香磕头，求筋骨老爷保佑身体健康。病好了，大家回来还愿，将线挂在筋骨老爷身上，由于周边村民生活贫苦，多是挂麻，时间长了，筋骨老爷身上一道道麻线，如同围了一个现代的大围脖子，披上蓑衣准备钓鱼。

古时候，会仙山庙会远近闻名，山东济南那边的人都来赶庙会。某朝皇帝曾经打算前来会仙山，后有大臣说会仙山有名无实，未曾前来。会仙山每年赶山，以牲口交易为主，从东北起来的骡群、驴群，一群又一群赶往会仙山中，牲畜主要集中在会仙山南面的山草岭。赶山大会在会仙山东麓下的平缓地带，一片繁华，有开饭馆的，卖豆腐菜的，卖包子的……家中父母通常给孩子几个大子儿，上山去买火烧吃。山上烧香敬神，山下赶集买卖，也是非常热闹。笔者曾祖母曾经卖过糖块，携带孙儿上山赶庙会。那已经是后期，是昔日庙会辉煌的最后延续。

解放后，村民响应政府号召将庙宇拆除，石头用于修筑大坝，砖不知去向。有人在村民尹希田的菜园旁边见得一块破损的石头，那是大庙的一块"印记"。经历了太多的风雨，随着道教活动的渐渐消失，会仙山也归于沉寂。

曾经的会仙山在民间的口头传说中，八仙自天崮山仙姑顶启程前往蓬莱，在会仙山曾经歇脚，见此山景色宜人，留下造福百姓的美好传说。村民经常夸赞，会仙山往北到渤海，往南到江南，传说在会仙山顶上能够看到十八个村。坊间有人说，下午天空晴朗的时候，站在会仙山顶向西望能够看见莱州渤海湾，一闪一闪，像是珍珠。当地传说，"会仙山，会仙山，伸胳膊，够着天"，自东北归来的人们说，会仙山没有那么高，"会仙山，会仙山，伸胳膊，够着天"那是假的。站在会仙山擎着胡秸杆子，能够捅天轰隆响。

会仙山是一座聚风纳水的山，等待人们去揭开它神秘的面纱。会仙山青山绿水，与仙结缘，一定会成为"仙境烟台"又一道亮丽的风景，打造"好客山东"的辉煌名片。

会仙山中还有一些传说和故事流传在民间，口口相传，成为人们美好的记忆。

传说，山中来了一位年轻的猎人。猎人看见一个白胡子老头与黑胡子老头下棋，非常好奇，便上来观棋。那是太上老君与吕洞宾双方在对弈，斗智斗勇。两人是棋逢对手，一番厮杀，不见松涛阵阵，只听落子声声。突然，猎人发现周围的树林，叶子一会儿是绿，一会儿是黄，黄绿交接，犹如仙境中一般。吕洞宾口渴，随手拿起一个桃子吃了。猎人感到饥饿，将吕洞宾剩下的桃核啃了，眼前一片清明，神清气爽。他立刻想到家中还有老娘需要将养，妻儿需要照顾。猎人回到村中，发现已经过了几十年。

猎人告诉大家山中住着神仙，从此这座山美其名曰：会仙山。后来，多有修道之人前往会仙山，往来其中，希望寻找山中的神仙，或得道修仙。

会仙山西面，曾经有一条小河，河水清澈，名唤拦马河。为什么叫作拦马河？相传唐王东征的时候曾经路过会仙山，他率领大军在这里饮马，驻扎。一匹匹南征北战的马匹都拴在这里。招远俚语拴与拦都是拴住的意思，故叫作拦马河。听河水潺潺，望江山美好。会仙山北面，从半截背下来的谷口与龙门口交接的地方乱石丛生，仿佛是童话的世界。在大雁顶的下方有一处天然巨石，石头上有巨大孔洞。传说那是古代缆船抛锚的地方，这里曾经是一片惊涛巨浪的浩瀚大海，那高高耸立的会仙山也曾经是一座孤岛，像是人间仙境蓬莱的巨石。也有人说那是唐王东征拦马的巨石，因为唐王在此处拦马，所以那块唐王拴过马匹的大石头，叫作拦马石。那唐王夜宿之处，必定是藏龙卧虎之地。如今那块石头已经一分为二，一块坠落坡地，一块仍然在山坡上，两块山石像是山神张开的大嘴巴。有人前来，常在其中避雨乘凉，仿佛在山的身体中。山石上方有两三株桃树，使这里仿佛是一处小小的世外桃源。

会仙山脉西面有一座山叫作磨山。磨山是会仙山北部高顶南伸岭脉的尽头，山巅巨石耸立，为色白而坚的花岗岩石，宜于制磨，故名磨山。此地因旧时长期挖掘，呈现一个人工天坑，犹如天外飞人路经此地。自花岗岩石坑往南，有一片石头坡，尽是石头，地势较为平坦，此处有一片大围子。围子，书面语叫作"圩"，是清代胶东百姓用来防御捻军修建的简单工事。修筑围子墙，源于清政府剿捻时推行的所谓"坚壁清野"政策，剿捻持续了六十多年。大围子距今将近一百五十年，当年修筑的规模巨大，工程异常艰苦，不是一朝一夕完成的工程。石头采自山间，从四方搬运过来，垒成围墙，防御捻军前来。它是历史的见证，是会仙山山脉的古代军事文化遗址。漫步大围子内，一块块石头质地不同，形状各异，皆取自山中，垒成一道石头围墙，呈现椭圆形，将整个山包环绕其中。围子墙宽有半米多，高一米至一米半。大围子内，有一片裸露的山体，是成片的石头。偶有几个石头窝儿，彼此相距不远，不知是起什么作用？当地人分析，一是旧时扎帐篷用来过夜，二是亭子的基础。抗日战争时期，人们为了躲避鬼子，经常潜入大围子，以避其锋。不知道经历多少风风雨雨，大围子依然挺立，那些石头或大或小，或方或圆，堆积在一起，成为一道蜿蜒蛇行的石头围墙潜伏在大山之中，这是劳动人民的智慧。大围子是人民力量的凝聚，这是正义对抗邪恶的"山间长城"。

小时候，喜欢听老人们讲抗日战争的故事。听他们说，1944年驻城和玲珑金矿日本侵略军，突然袭击驻在我们村的北招县十一区区中队，区委书记吴华同志以身殉职。非常有幸，我听到自己长辈三爷爷李登弟讲述关于村庄里抗日的这一段故事。三爷爷讲述自己十三岁见过的事情，他思路清晰，非常流利地向我们道来。抗日战争时期，会仙山有八路军在上面站岗。1944年开始，十一区区中队驻在临近的上刘家。敌方密探探得中队驻扎在上刘家。玲珑金矿日本鬼子企图包围上刘家歼灭区中队。中队发觉后，1月26日也就是农历正月初二立即前往于家夼。于家夼村西坡树林子有站岗战士，会仙山顶也有站岗战士。会仙山上战士发现日本鬼子从陡道于家过来，会仙山与树林子里相继鸣枪报警。因队长在小李家养病，从五旅十三团下来一个副队长，按大部队作战方式，带领一百多人的中队与敌方发生战斗，越打越糟，处于下风，开始撤退。敌方在西疆支起机枪。区委书记吴华退至下刘家东南沟、李沟北疆，被敌人捉住。他将撸子枪砸掉，将文件销毁，壮烈牺牲。李登弟十三岁，受父亲嘱托前往李沟寻找其大哥李登宴、二哥李登举，都没有找到，他们已经撤退至安全地方。在李沟北疆，中队牺牲九名战士。其中，一名战士是于家夼女婿，在搏斗中握住敌人的刺刀，手指刺伤严重露出骨头，可见战斗非常激烈。吴华倒在敌军的枪口下，他的身体倒下了，升起血染青山的英魂，他的故事流传在人们的口头心间，也激励着大家加入抗战，跟着共产党打天下。

我的爷爷叫李登宴。爷爷年轻时，身强力壮，早早就跟着共产党闹革命。有一年冬夜，他和队友执行任务，带上大镢、铁锨去公路上挖鬼子的电话线杆。没料想，地面冻得硬邦邦，刨不下去。爷爷急中生智，把前天缴获的战利品——一顶钢盔派上用场。他到水库边，破开冰层，打上水来。满满一钢盔水浇在线杆根旁，刨起来容易多了。他们一个多钟头放倒五根线杆，全都扛到水库边，藏在坚硬的冰层下面。半夜时分，他们被巡逻的鬼子兵发现，只好扔下铁锨、大镢，掉头钻进松树林，跑进会仙山深处，巧妙地躲过了敌人的追捕。他们在冰天雪地的山林里跺着脚走过来，走过去，度过了一个难忘的不眠之夜。我爷爷一辈子最高兴的一件事，是他有幸见过许世友将军。解放战争的时候，爷爷到前线扛过担架，后来加入中国共产党。我的二爷爷李登举参军，成为一名战士。二爷爷作战勇猛，在一次战斗中胳膊负伤。再次战斗时，他带伤继续参战，最终牺牲在战场上，马革裹尸，血洒青山，将自己的名字留在英雄的史册中。我的三爷爷李登弟建国后茁壮成长，后来成为村里的干部，带领大家一起走在幸福的大路上。

虽然，以前我经常羡慕黄山上的迎客松，但是我更欣赏陈毅笔下的"大雪压青松，青松挺且直"。我喜欢家乡会仙山中那一棵棵极其平凡却又不同寻常的松树，那是英雄的树，生活在英雄的山中。

我热爱家乡的会仙山，它们给予我们温暖，给予人们平凡而伟大的幸福。

作者简介：山东青年作家协会会员、烟台作家协会会员，招远作家协会副秘书长，先后在《人民文学》《山东文学》《星星》《散文诗》《散文诗世界》《鹿鸣》等刊物发表作品。散文《藏在耳朵的乡音》荣获"思鲈杯"全国"乡愁"主题散文大赛二等奖；长篇小说《水果抗日记》荣获《今古传奇》第二届"全国优秀小说奖"三等奖；诗歌《在一片文字的故乡里》荣获上海市"读书　追梦"诗歌征文二等奖。

未曾谋面的老师

于仙田

　　我出生在二十世纪五十年代末，在青春年少时我就有了自己的理想——当一名作家。这个理想的萌生源自我那未曾谋面的老师——峻青先生。

　　那是读初二的时候发生的事情。

　　那时的我酷爱读书，尤其喜欢读小说，千方百计地找来小说如饥似渴地读，《烈火金刚》《野火春风斗古城》《青春之歌》《吕梁英雄传》《铁道游击队》《苦菜花》《迎春花》等那些当时被称为毒草的长篇小说都偷偷地寻来读过。那年春天，我用自己珍藏的十多本表现战争年代我军战士英勇杀敌的小人书（连环画）换来了一本厚厚的小说。这本小说，已经没有封面了，书纸也有点发黄，就连书脊都被磨损得看不清书名和作者。

　　拿到这本没有封面和作者的小说后，我立即阅读起来。原来这是一部短篇小说集，里面有《黎明的河边》《老水牛爷爷》《党员登记表》等短篇小说。

　　当读到《血衣》和《马石山上》时，我彻底地震惊了！

　　《血衣》这篇小说以我人民解放军全歼国民党十二师、消灭大汉奸赵保原部为背景，揭露了大汉奸赵保原祸国殃民、残害百姓的滔天罪行，反映了当时胶东广大人民苦难深重的悲惨遭遇，表现了他们对阶级敌人的满腔愤怒和刻骨仇恨。

《马石山上》写的是胶东抗日战争最艰苦的一九四二年，八路军一个班的十名战士在反"扫荡"中，为了掩护群众突围，最后弹尽粮绝，全体壮烈牺牲的故事。这是以真人真事为基础写成的，可以说是一篇"马石山惨案"的实录。

之所以震惊，是因为我太熟悉这两篇小说里所写的人物和事件了！

赵保原是个大汉奸，他原来是胶东"二十四个土匪司令"之一，而且他的势力在这二十四支土匪里是最大的。国难当头，赵保原与其他的土匪司令一样，在胶东拉起了一支队伍，名为抗日，实是打着抗日的旗号在搜刮民脂民膏。其他的土匪司令有的被许世友将军消灭了，有的投靠了赵保原，赵保原被蒋介石收编为国军。后来，赵保原又投降了日本人做了汉奸，专跟八路军做死敌。小日本投降后，赵保原摇身一变，又成了国民党军队十二师的中将师长了。1945年春节除夕夜，许世友将军指挥胶东八路军突袭赵保原部，不仅端了他的老窝万第，而且消灭了赵保原的绝大多数队伍，赵保原带着几个贴身随从逃窜，从此一蹶不振。万第，是莱阳县的一个镇，离我们家乡很近，有三四十里地的距离。我的父辈们在解放万第的时候，又去出过民工，抬过担架。因而，对于赵保原的恶行劣迹以及八路军解放万第这一段历史，我听好多父辈人说过，一点也不陌生。

马石山，就在我们村子的东北面，与我们的村子相距十多里路的样子。马石山耸立在东北角，林寺山在西北角，垛鱼顶在东南角，跑马岭在西南角，这四座名山之间的方圆几十里就是胶东半岛古老的高山镇，这四座大山建国前都在海阳县境内，它们的余脉绵延相连，自然成为古老的高山镇的屏障，而我们的村子就是高山镇的一个较大的自然村。对于马石山，我是特别熟悉的，这不仅因为我们经常到山上山下去拾草砍柴，更是因为我们经常听老一辈人讲马石山惨案的故事，而且每年的清明节都会去马石山烈士陵园为烈士们扫墓，祭奠他们的英灵。

读着这两篇描写我们家乡故事的小说，我不仅喜出望外，更是感到好奇！喜出望外的是居然有人来写我们家乡的事情，讴歌我们家乡的子弟兵和父老乡亲；好奇的是这到底是什么人写的这本小说？他又是怎么如此清楚我们家乡所发生过的事情呢？这几个问题天天萦绕在我的脑海里，赶不走，挥不去，将我折磨得寝食难安，我决定要把这两个问题弄清楚，找出答案，以释我心中的疑惑。

于是，我就去问与我交换书看的那位同学。他说这本书是他那在其他公社教中学的叔叔借给他的，他自己还没有来得及读就与我的小人书交换了，其他的他什么也不知道。我问清了他叔叔的名字后，特意去向老师请了一天的假，来到了同学的叔叔——程老师所在的那所中学。程老师是一位中学语文老师，四十多岁的年纪，戴着一副厚厚的近视镜，两鬓有不少的白发，温文尔雅，一副和蔼可亲的样子。那天，程老师告诉我，那本小说集是他读大学时在新华书店里买下来的，已有二十多年了；程老师还告诉我，这本小说集的作者就是我们海阳人，他叫孙俊卿，笔名峻青，是一位著名的作家，他的老家在郭城公社西楼子村。程老师说，峻青先生在早年间就参加了八路军，有很多战斗、战役他都亲自参加过，为他的文学创作积累了丰富的第一手资料。那天，程老师不仅留下我在他的办公室里吃了饭，还一直鼓励我好好读峻青先生的小说，好好学习，实现自己的理想。临走时，程老师又把峻青先生的另一本短篇小说集借给我，让我好好阅读，好好学习。

回到家里，我如饥似渴地读峻青先生的小说，几乎到了废寝忘食的地步，母亲劝我注意休息，我就好像没听见一样。峻青老师的两本小说集读完了，自己就突然也想拿起笔来写一写从母亲那里听来的一些革命故事，而且还不知天高地厚地想：峻青老师能写我们家乡的故事，我为什么就不能也来写呢？于是，就真的开始写起来了，写家乡早期的共产党员于连江武装起义，写"花园沟惨案"，写高山镇的奇人能事……断断续续地写了几年，始终没敢拿出来给老师、同学、朋友看，更不敢向报刊杂志投稿，总觉得自己有点自不量力，这时才感觉出峻青老师是太了不起了，是我一生都永远要仰视的人！虽然没敢把自己写的东西公开给别人看，但是从读峻青老师的作品、从了解到的峻青老师的一些经历，更加坚定了我热爱文学、追求理想的决心。

1977年6月，我高中毕业了，毕业后直接参加了教育工作，我被分配到初中去教中学语文。后来恢复了中、高考，教育也开始逐步走向正轨，新的教材也出版了。新的中学教材里有峻青老师的散文《海滨仲夏夜》，在教学这篇优美的散文时，了解到了峻青老师更多的作品，像他老人家的散文集《秋色赋》等，于是自己一边教学，一边偷偷地向峻青老师学习也写起了散文。

1993年，我考取了泰安师专中文系，在这两年的求学生涯里，有机会真正地了解到峻青老师的一切，包括他老人家的全部作品、在文学史上的地位、创作经历、创作风格等。我以有这样的老乡、老师而备感自豪，从那一刻起，就决心以峻青老师为榜样，孜孜不倦地追逐自己的文学梦，完成自己的人生追求。

经过几十年的生活沉淀与积累，2010年我开始了文学创作，并且一发而不可收。我知道峻青老师喜欢写胶东的人和事，后来又发现贾平凹喜欢写商州，陆文夫喜欢写苏州，莫言喜欢写高密东北乡……慢慢地就明白了这些文学大家都培养起了自己的创作符号。后来，我就想峻青老师是大家，他的文学底蕴和生活积累丰厚，他的文学创作的符号是胶东，而我是当代爱好文学的一名无名小卒，我写不了胶东，我就只写胶东半岛的一方山水、一方人物，来作为自己写作的地理性标志岂不更好吗？于是，我的小说、散文就只注重写胶东半岛的"高山镇""富水河两岸"里的人物和事件，这样逐渐地就把"高山镇""富水河两岸"当作了自己文学创作的符号了。

自2010年至今，我创作了十几部中篇小说、几十部短篇小说以及几十篇散文、杂文，有200多万字，发表于《青岛文学》《当代小说》《齐鲁文学作品年展（2016）》《青岛当代文学》《大众文苑·文学月刊》《彼岸》《乡歌》《霞光》《烟台晚报》等报刊杂志以及各大文学网，长篇小说《桃花溪，柳家湾》（又名《岁月如歌》）《郭城摔面传奇》以及与人合作的长篇小说《龙头槐》业已出版。

2012年，我加入了烟台作家协会；2013年，我被吸收为山东省小小说学会会员；2014年，我又加入了烟台散文学会。

从十几岁的青春少年到如今的花甲老人，回想起自己走过的文学道路，不管是阅读文学名著，还是进行文学创作，时时刻刻都在受着我的老乡——峻青老师的影响！虽然我与峻青老师从没见过面，但是我始终把他老人家作为自己的老师来崇拜着，始终把他老人家作为我人生的楷模，哪怕我知道自己此生就连峻青老师的百分之一、千分之一也不及。

峻青老师，您是我们家乡人的骄傲！

峻青老师，您是我们文学爱好者的楷模！

峻青老师，您永远是我的老师！

作者简介：山东省小小说学会首批会员，烟台作家协会会员、烟台散文协会会员，兼任多家文学网文学总监。先后在《青岛当代文学》《当代小说》《林麓文学》《海燕》《芝罘文艺》《烟台日报》等报刊杂志和各大文学网发表文学作品三百多万字。出版有长篇小说《桃花溪，柳家湾》《郭城摔面传奇》、中篇小说选《富水河哟，悠悠地流》、短篇小说选《桃花溪的风流寡妇》、散文选《年轮里，那些远逝的记忆》等。

行走烟台

梁淑艳

一座古朴的渔村，一个神话中的仙岛，一座史诗般的城市……

芝罘，古称"之罘"，明代演变为"芝罘"，从十四世纪至1983年，烟台市即是现今芝罘区的范围，大家习惯上把芝罘作为烟台的同义语。象征芝罘地名的芝罘岛位于黄海之滨的胶东半岛，东西横列，三面环海，从空中看，似一株灵芝仙草生长在黄海的万顷碧波之中，摇曳生姿，神妙无比，在波光粼粼的海面上偶尔还会出现"海市蜃楼"奇观，真有仙境之中窥赏人间美景之感，令人心潮澎湃，心旷神怡！

一座山或因奇美动人的民间神话而历经千古传诵闻名于世，一片海或因多姿多彩的自然奇观而成为视觉盛宴让人流连忘返，一座城或因其厚重的历史积淀产生抹不掉的家园记忆而令人铭记爱恋，甚至扎根于此……

据白石村遗址考证，早在距今七千年左右的新石器时期，芝罘先人就在这山麓海滨聚族而居，依山靠海，繁衍生息。"日出而作，日落而息"，将舄卤之地改造成宜耕的农田，在黄土地上创造了厚重的农耕文化，铺垫了胶东文化的底色；"刳木为舟，剡木为楫"，制罟罠而渔猎，创造了蓝色的渔捕文化；"日中为市，交易而退"，借陆、海、河之便以交通，创造了多彩的商旅文化。烟台白石村文化遗址是中国胶东地区发现最早的、最完整的新石器时代文化遗址，也是中国独具特色的贝丘文化遗址，被看作是烟台城市文明的发源地，也是烟台市的根。

在芝罘黄金海岸——烟台的"母亲山"拥有中国现存最完整、最密集的十七个国家的近代领事馆群及临海街道周边三十余幢规模庞大的异国情调的官邸、别墅，堪称近代建筑的宝库，这众多的历史遗迹无声地诉说着芝罘历经百年沧桑的特殊历史，同时也见证了这座历史文化名城的开埠文化，令烟台人倍加珍惜和呵护；那耸立于烟台山顶峰的灯塔凭借其悠久的历史、独特的造型及无与伦比的功用，被公认为烟台的地标，成为烟台人心中永远的骄傲！

毓秀钟灵地不爱宝，璜琮璞玉山自生辉。如果说，烟台山是镶嵌在烟台海滨胸襟上的一块绿色翡翠，是这座城市历史的重要发祥地和象征；那么，坐落在烟台市中心区的毓璜顶，宛如一幅清秀淡雅的水墨画，瑰丽灵秀，风姿绝俗，仿佛长在山海之间的天然栖居，其挺秀之气在不连岗而自高，不托势而自远，彰显着奢华、高贵、典雅与气度，以独特的方式居于都市的中心，被视作"烟台的种子"。

"人人都晓烟台好，唯有海滨忘不了。四季分明物产多，一座古城谁明了。"每一座城市都有一片独一无二的记忆，每一片记忆都有着深厚的历史底蕴和浓郁的人文情怀，烟台成长的摇篮——所城里，作为烟台历史文化之根，一砖一瓦，一墙一石，都在诉说着所城里的历史涤荡和岁月变迁……蜿蜒幽静的老街古巷、斑驳陆离的砖墙影壁、青砖黑瓦的四合院落，虽然破损却风韵犹存，在沧海桑田的岁月里，静静地伫立于城市的繁华一隅，在高楼大厦之间，散发着宁静神秘、古朴迷人的悠然姿态和古韵气息。

地处烟台山下，依山傍海，中西合璧的芝罘朝阳街，与所城里并称为烟台两大历史文化街区，曾经有着浓郁的开埠风情，像"王府井""南京路"一样热闹繁华，被老烟台人称为"十里洋场"。登临烟台山举目看朝阳街，展现在眼前的是中西合璧的建筑群落和独特的"异域风情"。那一座座华丽的西式建筑和异国风情的洋楼里，记载着外国人在烟台生活的足迹；那一排排庄严肃穆的买办企业大门和数不胜数的名号中，谱写着民族实业家自强不息的创业史……烟台承载着屈辱与磨难，以她顽强的毅力和坚韧的品格，奋发图强，孕育了中国最早的民族工业，成就了张裕、三环、北极星和罗锅香皂等为代表的系列享誉国内外的烟台名牌，揭开了烟台开埠"实业兴邦"的序幕。

徜徉繁华的芝罘海岸，漫步幽静的老街古巷，细数历史的潮起潮落，感怀城市的古往今来。

朝阳街所城里，两处老烟台的"城市记忆"，一石一窗承载深厚的文化底蕴，一砖一瓦见证世事的颠沛沧桑，砖雕影壁镌刻文化遗迹，街巷楼宇守望城市根基……随着时代的变迁和洗礼，这条浓缩烟台百余年岁月光影的老街，见证着港城开埠的洋场风云和沉浮，记载着烟台历史的兴衰荣辱和时代烙印；见证着曾经的囊萤映雪到万家灯火的光芒璀璨，从默默无闻到文明城市的沧海桑田。

一座城市奔跑着，像一首昂扬向上的史诗，像一曲雄浑壮丽的交响曲；一个城市形象的塑造，不仅仅表现为鳞次栉比的高楼大厦和车水马龙的经济交流，其深邃的文化底蕴、独特的城市精神则更能赢得青睐与向往。孩子们知道丹麦，是因为安徒生的童话；维也纳成为"音乐之都"誉满天下，是因莫扎特、舒伯特和施特劳斯这些音乐巨匠的灿烂光辉，使这座城市成为古典音乐的象征；中国具有"天下楼"美誉的汉族古建筑——岳阳楼，不仅展示着能工巧匠的聪明智慧，更因为有范仲淹《岳阳楼记》的"先天下之忧而忧，后天下之乐而乐"而成为千古名楼；滕王阁因为有王勃《滕王阁序》的"落霞与孤鹜齐飞，秋水共长天一色"而千古流传，成为永世的经典。

土耳其诗人纳乔姆·希格梅说："人生有两件东西不会忘记，那就是母亲的面孔和城市的面孔。"城市文化是一个城市魅力的集中展示，城市精神是一部巨大的富于创造性的人文杰作，人们认同、憧憬、依恋一座城市，在很大程度上是为这座城市的人文特色和精神气质所吸引，而浓缩为城市精神的就是生活在城市的人的写照。置身其中，文化是一个城市独一无二的印记，是城市的精髓和灵魂，承载着一个城市的历史，凝聚着一个城市的精神，而城市精神则是一个城市展示魅力的"名片"。

因为一个岛，爱上这片海；因为一座山，爱上这座城；因为一片情，爱上这方土；因为一颗心，爱上这个家……岁月，是心中的一条河，时而静默，时而澎湃跌宕；记忆，是流淌的一首歌，时而欢畅，时而雄壮激昂。

烟台，这座让我们镌刻回忆、铭记爱恋的城市，不仅仅是一座景色秀美，山城相依，城海相连，襟带黄、渤两海的"双海名城"，也是一座底蕴深厚、名人辈出、遗存丰富、名胜古迹众多的历史文化名城，其独特的文化魅力让其深厚的历史积淀再现时代人文之光。徜徉芝罘海岸，目睹盛世，抚今追昔，一幅凝固的历史画卷如置眼前：东、西炮台山，见证着一段不屈不挠抗击倭寇、抵御外侮的艰辛历程；古老烽火台激荡着一部固守海疆、保家卫国的壮丽史诗！烟台，作为进出京畿、沟通海外的重地，地扼渤海海峡要冲，不仅是攸关国家安危的"海防锁钥"，而且将来也一直处于海防的最前沿，守卫着祖国美好家园的东大门！

今日烟台，日新月异，欣欣向荣，这片浸润着胶东红色文化的土地，如史诗般地掀开了新的篇章，破茧成蝶——书写更美好的城市画卷！

作者简介：鲁东大学蔚山船舶与海洋学院党总支副书记。曾荣获烟台市社科联优秀成果三等奖、山东省文化艺术科学优秀成果三等奖等奖项。

烟台漫笔

贾小瑞

十几年前，我怀着面朝大海的心愿来到烟台。在芝罘区的西南角，我安下了家。说不上是幸运还是无奈，我总是以书本为向导，在时空的交叉中探寻一地的历史与文化，偶有所得，便散淡地记下。

一

烟台与浩渺无垠的大海为邻，有秀丽温婉的山峦与绰约缥缈的岛屿，极尽物华天宝，但"烟台"之名却来自战争的威胁。明洪武年间，为防御倭寇入侵，当时的军防单位奇山千户所在临海的北山建起了狼烟墩台。每遇敌情，昼则升烟，夜则举火。烽烟起时，浓烟弥空，久久不散。因此，老北山叫成了烟台山，山下的城市得名为烟台市。

烟台的老祖宗却是七千年前的白石村。追想那些朴实的先民，偶然掘地，发现了那么多雪白的石灰石，就拾了这近身的名字来命名自己的村庄。这个村庄在1962年的出土文物中，竟存有大量的贝壳和鱼骨！原来，这是海洋文化的发祥地。之后的历史也一再证明这是一处以海洋生息将养的地方。烟台几次在历史上声名鹊起就是因为这是一处濒海地域。海洋塑造了烟台的外形与内神。海洋的茫茫无边、浩浩无际能让人"荡胸生层云"，在阔大与自由中遐想万千。海上日出的雄浑壮丽与海市蜃楼的缥缈神秘又让想象变得既有所依托又超脱无羁。大海的亘古不移与变幻莫测又让它显得那样特立独行、凛然难犯，人不可把握它又难以摆脱它，就不由得在望洋兴叹时追问宇宙与生命、有限与无限，就不由得在日积月累中积淀思辨与玄幻的气质，就不由得以巫术或宗教的方式试图与海洋协调一致，从而走向了形而上的超验之途。

在此背景下，当地宽衣广袖、谈仙论道的方士蔚为大观，毫不费力地吸引了不可一世的秦始皇。贵为华夏第一任皇帝，嬴政摸遍了宫阙楼台的雕栏玉砌，尝尽了山珍海味的美味佳酿，赏倦了沉鱼落雁的水色佳人，但唯有长生不老的神仙日子是他不曾体验的。而且，曾经征伐天下、威震海内的龙胎皇体在四十岁之后竟然无法抵御皮肉分离的衰老与气血虚空的迷钝。《史记·秦始皇本纪》记载，公元前219年，始皇东巡，"乃并渤海以东，过黄（今龙口黄县东南）陲（今烟台福山东南），穷成山（今威海荣成成山角），登之罘（今烟台芝罘岛），立石。颂秦德焉而去"。其实这次浩荡皇威之中隐藏着一个卑微的使命，那就是为生命终究有限的皇帝寻找长生不老的仙药。巧舌如簧的徐芾脱颖而出，他约其他方士一起上书秦始皇，"言海中有三神山，名曰蓬莱、方丈、瀛洲，仙人居之。请得斋戒，与童男女求之。"几年的精心准

146

备，又射杀了拦路的大鱼，"秦始皇大悦，遣振男女三千人，资之五谷百工种种而行。徐芾得平原广泽，止王不来。"这段史实成了历代史学家、文学家和平民百姓言说不尽的瑰丽传奇。徐芾东渡激起的不仅是学者文人思古之幽情，而且也是后来人中流击楫、勇猛突进、超越阻障的进取精神与自由情怀。因为大海以最激烈的元素邀请人们与自己争锋，应战者必须心中装满铠甲，坚固无比、无物可摧，同时机警灵活、迅捷沉稳，用勇气与智慧涨满风帆、扬橹搏击，才可能开辟海上丝绸之路，才可能留下风流任人评说。

与芝罘隔海相望的日本佐贺、新宫、熊野等市，一直自认为是徐芾登陆处，出土文物也支撑着这种精神向往。于是，与徐芾有关的景点多得灿若星辰，徐芾祠、徐芾所植之树、徐芾开凿的第一口井。以徐芾命名的小商店也星罗棋布，售卖着"徐芾茶""徐芾酒""徐芾香""徐芾长寿糕"。张炜这样解释："人类的激情，一个民族的激情，主要就表现在对待自身一些巨大的隐秘方面，表现在对其追寻和考问的力量与热情到底有多么大。"是啊，人类怎么可能不关心自己的来龙去脉呢？

秦始皇三次东巡，在芝罘留下的遗迹有"始皇道""射鱼台""阳主庙"等。迄今保存较好的就是阳主庙。阳主庙坐落于芝罘岛老爷山阳坡的一块平坦处，大约建于春秋时期，后经不断修缮，规模日巨。

沉溺于文字资料久了，其或芬芳或发霉的味道终究会如酵母，膨胀探寻历史、追溯过往的向古之心。于是，我催发双足，向那故地而去。

二

从芝罘区开车到芝罘岛并不算远，大约二十分钟我们就闯到了西口。从一条寂静的土路斜插上去，仅几百米就看到了阔大的阳主庙门、红体黑瓦的院墙，和一块上书"烟台道教协会"的木质竖牌。我慎重地上前叩打门环，同时有一丝飘絮把张中行的《剥啄声》牵来，暗地里反省自己弄出来的动静肯定远离"剥啄"的境界。我是带着疑问与急切而来，哪里能拈起放下，把声响把捉得"轻而又轻"？东北口音传出来，说四点之后就谢绝参观，因为已经封坛。我小声念叨着"'封坛'是什么意思"，又大声喊道："师傅，宽待一下吧，我们来一趟不容易！"无奈，这时的道教子弟没有体现"道"无所不包无所不容的博大胸怀，而是坚守了"道"如水的品格，以对待万物一律平等的态度，没有为我网开一面。我不相信自己的探索就这样无功而返，就稳住心神察看四周的地形，发现庙门右边的山坡地势较高，登上去应该可以俯瞰庙中的情景。

果然如愿！整个阳主庙分前后两部分，以另一个较小但极古朴的山门和几间带窗的廊房隔开。前院正中是三米有余的古装女子的全身塑像。她面容温婉秀丽，红色斗篷随风飘动。据一边侍弄菜地的阿姨说这是海神娘娘。其身后布置了不知什么材质所塑的兵、车、马造型，也许可以充当遥想始皇东巡的实体道具，或者勉强安慰魂兮归来的旧人。后院层次分明，显然就是公元1314年大规模修建之后的格局。院落四进，整体呈"工"字形排列，严整而雍容。可惜每个院落的具体陈设不能看清。据资料介绍，第一进院落的门殿塑有两尊"拉马将军"。第二进院落东西各建钟鼓楼一座。第三进院落的主体是大殿，正中供台上高坐着石像阳主。其神情凝重，因掌管人间水、旱、瘟症不是一件轻松的工作。东西配殿各供奉着送子娘娘和王母娘娘。第四进院落有后殿，供奉着阳主的四位妻子，曾是海边追赶浪花的少女。

正在我将眼前所见与资料所记一一对应时，清越的锣声传来。循声望去，前院东厢房门口站着一位道人，正一下一下漫不经心地敲打。同时看到六七位身穿道服的人散散而来，他们展示着无数女人梦寐以求的苗条身材而不自觉。宽大轻柔的道袍似乎在微风中波动，现出道道波纹。

我猜，锣声是吃饭的信号。这才刚刚五点多，俗世的人们还在忙碌。不过，他们每天开庙门，迎接来访者是早晨七点。这个时间安排不由得让我想起"日出而作，日落而息"的古歌谣，只不过最后一句一定要变为"市嚣于我何有哉！"

是的，秦始皇的神仙梦终究是破灭了，但道教的逍遥精神可以远离仙境而独存，这也是我们心底常常被湮没的向往与梦幻。但如何才能清洁自身，稍稍靠拢一下"至人无己，神人无功，圣人无名"的胜境呢？《道藏》首经《度人经》开卷即日：仙道贵生，无量度人。天师啊，度一度我们这些在生的泥潭中挣扎的俗人吧！——也许那几位在冷清的阳主庙保持着苗条身材的道士就是一则寓言，他们启示我在和光同尘的入世之道中，千万别忘了为自己的欲望减肥，或许这也是早逝于咸阳古道的始皇想要对后人言说的警戒吧。

$$三$$

　　自然环境对人的影响不仅停留在心理与气质的质地上，还会形成持续绵延的冲击波，影响所在区域的生存方式、社会结构与文化形态。普列汉诺夫就说："周围自然环境的性质，决定着人的生产活动、生产资料的性质。生产资料则决定着人们在生产过程中的相互关系……人与人之间的相互关系，则在社会生产过程中决定着整个社会结构。"钱穆在《中国文化史导论》中认为，人类文化大致有三种类型："游牧文化发源在高寒的草原地带，农耕文化发源在河流灌溉的平原，商业文化发源于滨海地带以及近海之岛屿。"这些观点在烟台从古至今的经济文化发展中得到了验证。古有齐国，率先以商业的繁荣造就了一地的辉煌。近有张裕酿酒公司，用商业文明裹挟着诸多人性的灿烂与民族的骄傲令世人瞩目。

　　张裕的创始人张弼士先生非等闲寻常之辈。1841年，张弼士出生于广州梅州大浦县西河镇黄塘车轮坪。1858年，家乡遭受重灾，张弼士只身前往南洋谋生。他首先是以自己的诚实与忠厚获得立足之本。据说有这么一件事：一天，一位欧洲海员拎着一箱贵重东西请张弼士验收，但被张弼士毫不犹豫地拒绝了，理由很简单："我在欧洲没有亲戚，这东西不是我的。"海员一定会多次摇动他的头颅，表示对这个不为钱财所动的中国人的不解。海员退一步，让张弼士暂时代收箱子，等真正的主人来领，一年之后若还无人认领，箱子就归张弼士。一年的光阴眨眼即逝，箱子仍在，而张弼士依旧未将它打开，他的内心依旧拒绝来路不明的财物，他的天平上分量最重的是自己的清白与诚实。这种品质及时地得到了赞誉与回馈。纸行老板不仅将店里的财务交给他打理，还将自己的独生女嫁与他为妻。日后，张弼士继承了岳父的资产。商之利就立在发自本性的坦荡与淳厚上。

张弼士还具有天马行空的大精神，他兼收并蓄，见机而行，同时开展多种业务与项目。他经营各国酒类，他创办垦殖公司，他建设实业，他开设银行，他投资房地产，他组织国际药材批发网。从十九世纪六十年代开始的三十多年里，他逐渐形成自己的商业王国，这国王坐拥七八千万元的资产，成为当时南洋华侨中首屈一指的富翁。其实，从本源上说，他拥有的不是金钱，而是审时度势的智慧与矢志不移的坚韧，是"务尽地利"，是"乐观事变"，是"人弃我取，人取我与"，是"力行则勤"，是"择人任时"。这些四字短句是1892年张弼士在回答驻英公使龚照瑗致富之问时所言。

同时，张弼士胸怀天下，希望尽自己所能有益于国家与百姓。他是头顶花翎顶戴的朝廷重臣，先后担任清政府驻新加坡总领事、商部考察外埠商务大臣、闽粤两省农工路大臣、光禄大夫、粤汉铁路总办等职。为赈黄河决口之灾，他在南洋募捐百万银两。为弘扬民族文化，他在海外创办中华学校，并设置福利基金资助华人学子。

历史准备了这样的人才，张裕酿酒公司的出现就成了顺风顺水的事情。但说起来，其机缘又是稍纵即逝的。1890年，张弼士参加法国领事举办的酒宴。微醺的法国领事对张弼士透露：他们曾以烟台的葡萄为原料，用随军携带的小型压榨机压汁酿造。结果令人大喜过望，其酒味香醇、酒色姣好，激起了法国人侵占烟台、设厂酿酒的野心。张弼士以中国人的耻辱感与责任意识紧紧地抓住了这个机缘。

1892年，三百万两白花花的银子，开辟出两座千亩荒山，将异域的优秀品种栽种在芝罘的葡萄园里。我们可以想象连片的曲藤支撑起的绿荫是何等的壮阔，也可以想象藤蔓间缀满紫色的水晶是如何的芬芳。同时，压榨机、蒸馏机、发酵机、贮酒桶各司其职，它们骄傲地共同宣告：在中国，采用现代科技酿造葡萄酒的新时代到了！

经过二十多年的探索与积淀，张裕让中国葡萄酒的酿造技艺与世界平起平坐。1915年，在美国三藩市举办的"巴拿马太平洋万国博览会"上，张裕的白兰地、红葡萄酒、味美思、雷司令一举荣获四项金奖和最优等奖状。

但此后的三十多年，张裕像是被恶魔缠身，病得奄奄一息。建国后，张裕在国家的扶持下抖擞精神，很快就重振雄风。1954年，张裕的金奖白兰地荣任和平使者，与谦谦君子周恩来共同出席日内瓦会议，给各国代表留下美味的记忆。1987年，国际葡萄和葡萄酒局将张裕在发展葡萄和葡萄酒事业上的荣耀授予了滋养张裕的城市——烟台。烟台当之无愧地成为世界第34个"国际葡萄·葡萄酒城"，并获得世界仅有的两枚荣誉纪念证章之一。

如今的张裕，同时将其"品重醴泉"的质地以休闲、优雅的文化散步的方式播撒开来。一个酒文化博物馆，激扬历史与文化的沧浪之水，洗涤现代城市的喧嚣，让幸运的人安静地思索过去与现在。

四

　　来张裕酒文化博物馆参观最好是走南门。门楼不大，坐北朝南，估计东西也就五米宽。两米宽的拱形门上书写着"张裕酿酒公司"字样，笔势丰腴秀雅，是翁同龢先生的墨宝。拱形门左右各一个拱形窗。门窗上方有三层叠柱，逐渐提升，由穹庐式宝顶将整个建筑带入高处。砖质，土灰色，门首还雕有双麒麟图案。没有气势汹汹的架势，素朴、典丽，在神色冷静中让人肃然起敬。因为这是西式建筑与中式艺术在向善向美的追求中和谐一致的结晶。

　　从门楼向北，正中是依照原貌重建的双麒麟照壁。照壁集中国鬼神、建筑、雕刻、书画文化于一身，是明代以来侯门大院、楼观会所等气派场所极重要的装饰。而麒麟以其"不履生虫，不折生草"的特性获得"仁兽"的美称，是中国民间护佑福禄、长寿、太平的祥瑞之物。

　　这照壁与麒麟让我深深地领略到百年之前的中国依旧是一个善于将生活艺术化的民族。从最夺人眼目处到最细枝末节处，人们总是不忘添上一砖一瓦、一花一叶，装饰自己的空间，秀丽自己的心灵，愉悦自己的精神。想想牟氏庄园"东忠来"一进院的石头地上用石块拼砌的铜钱，"西忠来"厢楼木门上雕刻的蝙蝠、老寿星图案，都是一样的情怀，一样的向往。前人以儿童的游戏精神执拗地传达着自己的美好心意与盎然诗意，留给后人的却是一段莫名的惆怅。因为我们现在日常所到之处，满眼都是实用功能强大的高楼大厦，都是面积相等、格局相同的家庭居室。楼宇拥挤在一起，遮挡了天空与远山。又彼此相像，都姓"大厦"，按功能的不同加个"科技"之类的小名；都姓"住宅"，用阿拉伯数字依次排列，多么整齐划一！装饰是绝对没有的！现代人哪里需要那么些繁琐！想要艺术吗？艺术馆、博物馆、书画院有的是！是的，我们建造了远远超过前人想象的规模巨大、数量众多的艺术场所，但我们独独没有将艺术留在自己的日常生活中！不能生活化的艺术终将是高台上的展品。现代人将实用主义哲学实践到了登峰造极的地步，就预示着行将在自造的牢笼中干枯、窒息。周作人曾不无遗憾地感叹："我们于日用必需的东西以外，必须还有一点无用的游戏与享乐，生活才觉得有意思。"可是，我们已经无暇顾及"无用的装点"了。

将生活艺术化，也是酒神狄奥尼索斯生命意志的另一种解说。只不过与温柔敦厚的中国艺术不同，古希腊艺术要的是酣醉狂放的忘我之境。由麒麟照壁再往北去，就是狄奥尼索斯的组合雕像。被几个流浪儿簇拥着，酒神以真切的形体袒露着放荡不羁的灵魂，我们可以想象，酒神不知在哪个植满葡萄的村庄灌醉了自己，以自成曲调的歌声解散了女人卷曲的发辫，一起在星光下狂舞。

再北去，就是大家熟知的张裕酒文化博物馆的主楼。酿酒工艺展示、名人题字、烟台开埠文物、独异的纪念品恐怕都能让您驻足流连，但我猜想，若干年后这些物品已如旧梦依稀难辨，可地下大酒窖您真忘不了。缓步地下七米，八个交错的拱洞由此及彼连贯出大酒窖的地盘。停下来静一静，就感觉海水的潮气不知不觉漫上来，肌肤有了湿润感，像是刚刚被海浪抚过，让人不由得产生对东海龙宫的遐想。自然，此种想象是有些错乱，但多么好啊，身在陆地、妙思海洋岂不是缺尾少鳍的人类最美好的一种精神活动？

大酒窖的主角是硕大的橡木酒桶，最引人注目的当然是三个"桶王"了。"桶王"躺着，但比我们高。"桶王"并不显得肥胖，但比我们容量大。它们各自装着一万五千升葡萄酒，可以供一个人每天喝一斤，从二十岁喝到一百岁。可惜的是，人的寿命常常短得来不及彻底享受"桶王"的慷慨。"桶王"左右，这里一排，那里一列，大大小小的酒桶森然排列，组成一个子孙繁盛的大家族。

这个家族历经一百多年的光阴不见衰微，依然不折不扣地履行着最初的使命，这难道不是一个意义非凡的象征吗？对比当下某些三年五载就倒塌、坍陷的楼宇、桥梁，其象征意义不是格外显豁吗？我们常常说，人类在进化的路途中是越来越聪明了，发明越来越先进，科技越来越发达，生活越来越便利，物质越来越丰富，但百千年之后，我们留给后人的遗迹遗物是什么？可以和酒桶家族相媲美吗？可以和距海面不足百米而不渗不漏的大酒窖相比肩吗？对比张裕，我们从大酒窖中带走的应该是弥漫了历史香泽的诚实之质。诚实是张裕起步与发展的基石，也是无数成功事业的保证，推而广之，一个时代真正的繁荣不衰不也是与诚实步步相随的过程？

　　烟台的历史与文化散落在悠长阔大的时空中，有些借助典籍生辉，有些借助实物留彩，我还需要慢慢探寻、回味……

　　作者简介：鲁东大学文学院副教授、鲁东大学国家语言文字推广基地研究员，烟台市散文学会副会长、烟台市芝罘区作协副主席。散文《一个家族的行影》在山东省作家协会举办的征文活动中荣获散文组一等奖，诗歌《天上的明星》在山东省写作学会主办的征文活动中荣获优秀奖。

一座城，一人生

陈从显

　　走进一座城，映入眼帘的，是这座城的颜色，对城的情感，也当是从此刻开始。城的砖与瓦，山与水，动与静，都是城的名片，承载着他的过去、现在和未来。我对于烟台的初印象，还要从二十年前到烟台求学开始，那时的初秋一如现在，天空格外高远清晰，到处弥漫着海的味道，在17路双层观光旅游车上，看到这座青山含黛、海涛泛蓝的城市，陌生中透着几分新鲜、几分欢喜。就像遇到了沈从文先生笔下的柔情："我行过许多地方的桥，看过许多次数的云，喝过许多种类的酒，却只爱过一个正当最好年龄的人。"

　　那年，我在最好的年龄，遇到一座最心仪的城。

　　当青春流淌在静谧的沙滩，跳跃于幽空的山谷，行走在瓜果飘香、菊黄蟹肥的季节，便会被这座城市浸染，烙上城市的印记，城市也留下了青春的记忆，古老又饱含朝气。我们呼吸着彼此的呼吸，不觉然，这山与海的色调，这人间的色彩都尽落这一片万古沧田，尽落旧日的鱼巷与现代的霓虹之间，成为这座城的天然底色，消融在行人或匆忙或悠闲的身影里。

这座城俨然一个时光与文化的化身，始先古东夷之底蕴，藏昆嵛山、烟台山、塔山以及长岛、养马岛等自然天地之灵气，积华夏数千年海洋之文明，展八仙渡海、始皇东巡、道家文化传承等文化之盛景。他以独特的身姿一展芳华，拥抱世界，涵养胶东生民。如今的烟台，这座现代化港口城市、历史文化名城，荣膺全国文明城市"六连冠"，正瓜果琳琅满目，葡萄酒香沁人，喜迎八方来客。热爱这座城的人，都应欠他一个表白。生活在这座城市，便会不自觉与他融在一起，一切如此自然流畅。但当驻足回望他时，他却如此鲜活，时而慈祥、时而庄严、时而绰约。

在赋予这座城的诸多角色中，我更愿意把他看成一位慈祥威严的父亲，深邃而坚毅，包容且朴实。他如同众多城市一样，凝聚着城外人的万千牵挂。这里寄存着我与父亲的情感，曾经是一辈子没有走出乡下的父亲的挂牵。在我来烟台读书的第二年，父亲突然病逝了，我们没能来得及见最后一面。突然获知的噩耗将自己从周遭的繁华中结晶析出，空气变得僵硬，似乎脚下的城市没有一个角落可以容纳自己，孤独充斥整个世界。我在这个渐已熟悉的城市，回忆父亲的艰辛过往，捡拾父亲留给自己的点滴。校园上空的夜，繁星在闪烁，银河在凝视，法桐的叶子依然坚挺，温凉的空气里还透着几分焦躁；校园外海浪的声音依然清脆，远处的海岛上，灯光忽明忽暗，目光可及处，夜幕下的山变得幽远。世界除了我，似乎一切如故。但整座城懂我，默默不语，尽力让一切沉寂下来，陪我度过那一段最艰难的时光。那时，我倏然发觉，我才刚刚走进城里，城却早已走进了我的心里。在这个父亲没有来过的城市，似乎看到了父亲的影子，那个身子微微佝偻，穿着青色的上衣、黑色的裤子，脚着母亲纳的千层底，挑着扁担，走街串巷，随性驻足，在街边挑选着他喜欢的拨浪鼓一类的玩意儿，留下一阵浑厚爽朗的笑声，而后消失在远处的青山、近处的沙滩和城市的霓虹里，与这座城浑然一体了。

烟台是一座养育了无数英雄的城市，是一片红色的土地。这里有抗倭民族英雄戚继光、孤胆英雄杨子荣，有打响胶东武装抗战第一枪的雷神庙、闻名中外的地雷战、威震胶东的天福山抗日武装起义，留下了甲骨文之父王懿荣的爱国气节，"两弹一星"元勋郭永怀的足迹，还有感动中国的刘盛兰老人、"最美女孩"刁娜……他们，是这片土地上的英雄，书写着这片土地上的传奇故事，挺起了这座城的精神脊梁。郁达夫在纪念鲁迅大会上说："一个没有英雄的民族是不幸的，一个有英雄却不知敬重爱惜的民族是不可救药的。"英雄之于民族如此，于一座城也是如此。赋予我们前进力量的，有这座城蕴藏的丰厚文化，还有一个个鲜活的生命铸就的英雄丰碑。当精神之境变得寂寥，灵魂变得干涸，他们会给我们以雨露般的精神滋润，点燃生命的激情，当我们眺望这变迁万千年的沧海桑田，听闻这穿越千万年的海浪，于惊涛拍岸和风平浪静处，困顿的心灵便会得以释放，内心的羁绊就会释然，这来自红色的昭示，英雄的涵养。在英雄的土地上，以英雄为榜样，我们攻坚克难意志更坚，开拓创新信心如磐。每一次的临海远眺，仿佛都能遇到英雄的对视。我们高举英雄的旗帜，传唱英雄的赞歌，树立英雄的丰碑，以一座城的名义向他们致敬，延续英雄的夙愿与期望。

前不久，著名翻译家许渊冲先生仙逝了，给世人留下了不胜枚举的曼妙诗歌，也留下了对生命的生动诠释，他说：生命并不是你活了多少日子，而是你记住了多少日子。对烟台这座城的记忆，是否已经被他每天带来的美好不断刷新与覆盖？每天往返于工作与生活的区间，在美好的四季驻足，看惯了花开郁金香，水暖金沙滩，看惯了如期而至的冬雪，细雨清爽的夏季，品足了大樱桃、地雷瓜等瓜果的香甜，听惯了海风海浪和海鸥的鸣唱，尽情享受着这座城带来的恩惠，是否会忘记每一天的与众不同，把日出日落看成岁月的循环往复？难免有些态度简单，会损失掉生活的乐趣。

殊不知，对于美好的司空见惯，本身就是一种奢侈的浪费；对于一座城的给予而心安理得，就是对这座城的辜负。

就像这夏日的馈赠，没有过多的聒噪，整座城都笼罩在清凉爽快之中。五月的清晨，阳光穿过海面，经过了海的洗礼，显得格外庄重，微微带着些许暖意，传递着夏季迟来的炎热气息。海边的柏油路上，洒水车刚过，路两边便映出镜子般的路面，几片落叶沾了水，随风起舞，酣畅淋漓，旁边的青色灌木丛里，几朵不知名的花开得正艳。17路观光旅游车悠闲地驶过，顺向看去，一片郁金香，或白色的，或红色的，与阳光交相辉映，把沿海的柏油路装扮得分外清新壮丽起来。要是遇到烟台的夏雨，你就成了夏天的幸运儿。烟台的夏雨多是沉默的，在夜虫低鸣、簟纹如水的夜里悄然而至，聆听着雨的湿润，呼吸着水的欢快，总能将自己置身记忆的深处：儿时的雨是温馨的，在伸手不见五指的漆黑夜里，总能经常听到雨落棚子的"噼里啪啦"声、母亲遥远的唤儿声和父亲归来时急促的脚步声。推开窗时，伴随着满园白玉兰的豪放，夏雨在不远处升腾起来。我们关于这个城市的记忆，在这岁月轮回、四季交替中渐渐沉淀下来，融进了青春和血脉。

在这个许多人擦肩而过却再也不见的城市，人们却在举手投足之间传递着充满友善、向上的温暖。无论是清晨在海边漫步的邂逅，还是穿梭在青山绿水之间的偶遇，抑或是在城市角落的集市上的熙熙攘攘，我们从不觉得陌生和孤独，我们选择了这座城，这座城也选择了我们。

近些时间，正是高考报志愿的时候，朋友正犹豫不决、彳亍两难。

他问我："在专业、学校和城市三者之间，首先选择哪个是好？"我说："如果三个都没有确定，还是按城市、专业、学校的顺序吧。"

见我回答得坚决，他接着问："如果专业定了呢？"

"那就是城市！"每座城市里都藏着一个与众不同的灵魂。选择一个城市就是选择一个即将走进内心、塑造自我的灵魂。这也是我二十年前选择烟台这座城市的缘由。

作家白落梅在《你若安好便是晴天——林徽因传》中说道："有人说，爱上一座城，是因为城中住着某个喜欢的人。其实不然，爱上一座城，也许是为城里的一道生动风景，为一段青梅往事，为一座熟悉老宅。或许，仅仅为的只是这座城。就像爱上一个人，有时候不需要任何理由，没有前因，无关风月，只是爱了。"我们的人生大多是现实主义的，多会因为走进了一座城，或是与他有了因人因事的情感关联与寄托，才会爱上一座城。

这是一座让人忍不住深呼吸的城市，不由多望几眼的所在。

沐浴穿越海面的第一缕晨光，沉浸远山环绕的第一道翠绿，感受"山黛远，月波长"的空悠，身处"六出飞花入户时，坐看青竹变琼枝"的苍茫，烟台，这座怀山滨海之城、蓝黄交织之地，已经变得生动起来，惊鸿一瞥，翩翩起舞，动情地站在我们面前。经山历海之间，我们成为这座城的风景，携妻挈子，栉风沐雨，在时光的流年里，续写着各自的故事。

在烟台，我们守着一座城，赓续一执念，书写一人生。

作者简介：烟台市散文学会会员、烟台市诗词学会会员，作品散见于《烟台散文》《齐鲁文学》《滨州文学》《红月亮诗刊》《时代作家》《胶东文艺》《烟台日报》《中国诗歌网》等。

归岸的海鸟

张一彤

海鸟总得去海面上飞一飞。张洁坐在南下的火车上一边回味着姑姑的这句话，一边等待方便面泡好。此时此刻，这个海边小城长大的姑娘还没过二十三岁生日，刚刚毕业，准备去杭州闯一闯。

张洁1982年出生在招远市一个山村，爷爷、奶奶种了一辈子地，父母也在这黄土地上辛勤地耕耘。奶奶说，当初她结婚是爷爷用木头做的手推车推回了家，这辆手推车也推过粮食、柴火、大粪，它是家里的好帮手。那时候爷爷奶奶做过的最好的车就是牛车。如果谁家养牛，那一定会把牛伺候得比人还要好，坐牛车也不是寻常日子能享受的。

改革开放后，张家也尝到了甜头。家里不再住泥土房，盖起了大瓦房。牛车成了寻常物，后来又有了自行车。张洁还记得父亲买了一辆摩托车，他十分爱惜，每天拿干净的抹布擦过来擦过去，爷爷奶奶看着这喝了油就能跑的车也是稀罕得不得了。因为爱惜，也为了省油钱，起初，这辆摩托车并不经常使用，后来庄稼越来越挣钱，父母还外出打工，摩托车也不稀罕了，甚至添了个大家伙——拖拉机。

爷爷奶奶那辈，交通不方便，一辈子就是在自己镇上生活。后来有了汽车，父母们去过的最远的地方也就是县城。而在小张洁的记忆里，故乡一直在变化着，家里电器越来越多，县城里有了越来越多的大楼，马路越来越宽，居然还有人家买了小轿车。

改革开放让村民的生活好了起来，对于小张洁来说，最大的变化是她这个女孩子也能读大学了。2004年，中国经济发展重新步入快车道，新千年的喜悦劲儿还没过去。大学生就业难成了热点问题。不过张洁面对着号称"大学生就业最难年"的2004年，一点也没害怕。家人一直想让她留在老家——海边小城招远，但是去烟台读过书了的张洁，有了自己的想法。用爸妈的话说，她心"野"了。母亲一直想不通，"80后"的张洁们，从小吃穿不愁，读书还有政府帮助，回来自己身边什么苦都不用吃，多好！"干什么非得去杭州哩"。可是张洁不这么觉得，"我去了烟台读书，才知道原来还有地方楼那么高，车那么多，那才叫现代化！我也想住上大房子，开上小汽车。"去杭州也不是一拍脑袋定的，张洁的姑姑就在杭州生活工作。姑姑常常跟小张洁说杭州的好，人们怎么在那里赚外快。"年轻人就应该出去看看，历练一下。"姑姑劝说母亲，"海鸟哪能不去海面上飞一飞呢"。

于是，这个还一脸稚嫩的应届生，背上一个包，里面装了几件换洗的衣服就去了杭州。根据自己学的专业，应聘到一家外贸公司工作。毫无经验的新人，只能从最基层做起。夏天，公司安排张洁去肉食加工企业对着血淋淋的货品验货；冬天她的任务是去冷藏厂验鱿鱼，杭州的冬天明明不太冷，张洁却每天在冷库里冻得牙齿打战。每个去大城市闯荡的年轻人大抵相似。每天坐着公交车上下班，住在公司逼仄的宿舍里，穿着十几元的T恤，但是满脸都是希望和热情。每天，她随身带着一个小记事本，记录检验检测标准、食品加工流程……回到宿舍，整理一天学到的东西。辛苦但充实。在不断努力学习下，自身业务素质得到提升，涨工资也就水到渠成了。拿着高工资的她，觉得生活开始幸福起来了。买了一辆小小的蓝色的恒光牌电动车，天气不好的时候也舍得打出租车了，住上了有自己卫生间的公寓楼。

可是，日子过得越好，张洁就越想家。她时常记起，小时候爸爸骑着摩托车带她飞驰在县里的公路，夏天爷爷把西瓜冰到井水里，冬天妈妈会做羊汤炸面鱼。张洁看着大城市里的灯红酒绿、人来车往，这是一座充满了梦想的城市，梦幻一般的城市环境，潮水一样涌来的机会。多雨的城，雨水结在房檐，淅淅沥沥像张透明的网，网住了外乡人的乡愁，网住了年轻人的青春。小楼一夜听春雨，深巷明朝卖杏花。杭州有柔美旖旎，杭州有精彩纷呈。可是烟笼寒水月笼沙，任他万种风情，这里却笼不住张洁这个海边姑娘的心。鸟儿还知道回巢呢，人怎么会不想家呢？张洁这只小小的海鸟飞久了，也开始想要回到她的岸边。

在2006年的一次出口检验中，她接触到了出口蛋挞皮，就自己尝试研究。张洁想，像蛋挞皮这样的加工企业，没有污染，没有科技含量，投资也比较小，还能解决不少农村剩余劳动力。也许是工作培养出来的敏锐，也许是天性中对财富的嗅觉，张洁判定这是一个商机。当时，招远知道蛋挞这种点心的人没几个，吃过的就更少了，就看自己能不能把这个商机变为财富。有想法就得赶紧落实，张洁在工作中一边学习一边摸索，回家乡办厂的想法越来越强烈，思路也越来越清晰。最令人激动的是，家乡招远正有对小微企业的贷款扶持，对想"做一番事"的张洁来说，这解除了她最后一丝顾虑。

在家人的期盼中，2007年，张洁回到老家招远市开始建厂。高楼林立的城市、宽敞的道路、随处可见的公园……虽然离开家乡才四年，但这个城市的发展速度让她惊叹。考察，选址，办手续，招兵买马，联系订单……张洁忙得不亦乐乎。有丰富的外贸工作经验和当地政府的支持，很快，食品厂就建起来了。2008年，北京奥运会举办期间，张洁的厂子做出了第一批蛋挞皮，并顺利出口到日本。她乐坏了，贷款买了自己的第一辆小轿车，还贷款买了房子。从小的梦想实现了，而这梦想之花更是自己和乡亲的汗水浇灌，绽放在故乡的土壤上。看着忙碌的生产线，看着工人领到工资的笑脸，最重要的是，能重新生活在这座美丽的滨海小城，张洁的心里满是满足和快乐。

做什么都有困难，办企业不像演电视剧，几集过去什么都有了。那些年，既有艰辛，更有快乐。最初一年也就出口三四个货柜的蛋挞皮，厂里十几名员工一大半时间都在放假。随着国家经济的不断发展，国家的综合实力逐渐增强，我国在国际上的地位越来越高，中国制造成了"名牌"，张洁的蛋挞皮出口生意也越来越好。经历了风风雨雨，张洁也走到了人生的中场。慢慢地，公司蛋挞皮从一年出口货柜三四个，增加到七八个，到现在一年出口货柜稳定在二十个左右。因为货品质量可靠，现在，张洁公司的可可食品在日本有了较好的市场份额。"我知道我们这个二十多人的小企业成长壮大的背后，是国家为我们'撑腰'"，张洁感叹地说道。

如今，"梦想"照进现实，这背后有个体的努力，更离不开最强大的支撑——祖国。是中国共产党领导亿万中国人民群策群力实现经济腾飞，让人民搭上了幸福快车，张洁一家从牛车到摩托车再到小轿车就是见证。社会的变迁与发展，投射在个体身上就是巨变。而张洁这个成长在改革开放春风中的小城姑娘，在故乡实现梦想的故事，就是一个小小的缩影。不早不晚，不多不少，这只飞过海面、穿过风浪的小海鸟真的长大了，在她从小成长的岸边为自己筑起了理想的家园。

作者简介：招远市温泉街道办工作。热爱文艺，爱好用文字抒发感情。

流淌的岁月

宫明荣

　　日子就这么不急不缓地过着，从过去到现在。几十个春秋过去了，经历过很多事，见证了时代的变迁。我童年是在东北度过的，在东北出生，又在东北长大。改革开放前，去东北的山东人很多。美其名曰，闯关东。父亲就是在二十世纪六十年代去了东北，成了千千万万个闯关东中的一员。虽然去了东北，在那片黑土地生活了很多年，可是口音一直没变。一口地道的莱阳话，带着浓浓的地瓜味。

　　父亲也常常说，人不能忘本，出门人家问是哪里的人，就说是山东莱阳人。那时候，莱阳还叫莱阳县。一起玩耍的小伙伴，经常嘲笑我们，你们是山东棒子。虽然年纪很小，也知道山东棒子不是好听的话。就会反驳，我不是山东棒子，我是山东莱阳人。小伙伴就说，你们莱阳很穷，都吃不上饭，要不你们会来我们这儿？！我们东北，有人参、鹿茸，有山核桃，有大森林，有各种野味。你们莱阳有什么，还说你们莱阳不穷。小小年纪的我，词穷了。哭哭啼啼地回家，问妈妈，咱们莱阳是很穷吗？穷得吃不上饭？妈妈说，莱阳是穷，可是莱阳也有好东西，莱阳梨全国都出名。莱阳梨什么样，我没见过。出门跟小伙伴玩，心里还是没有底气的。

就在那年秋天小舅舅来东北看我们了，带了那么多好吃的东西，花生、大枣、大馍馍，还有在心里想象过无数次的莱阳梨。花生是那么香，大馍馍是那么暄软，莱阳梨是那么甜。吃着怎么也没个够。妈妈给我跟妹妹一人一份花生，一人一个梨，一人掰了一块大馍馍，说，尝尝就行了，还能管够吃？剩下的妈妈分成了若干份，送给了邻居们。我心里那么舍不得啊，心想都还没吃过瘾呢，怎么就给别人了，妈妈是不是傻啊，自己不吃，给别人家吃。第二天出去玩的时候，小伙伴们就吵嚷着说，嘿嘿，你们老家的梨真好吃，花生也好吃，馒头也好吃。我听了，心里得意极了。大声说，我们老家好东西多着呢。邻居的婶婶，来我家串门的时候，跟妈妈说，你们家乡的麦面好吃，有筋道。梨也特别甜，花生也那么香呢。妈妈笑着说，哎，我们老家的梨，还不是正宗的莱阳梨，正宗的莱阳梨更好吃。我听了心里在想，那正宗的莱阳梨什么样？那该是怎样的甜法？什么时候能回老家就好了，看看正宗的莱阳梨，吃那么好吃的花生，那么好吃的馍馍。就觉得馍馍跟馒头是不一样的，馍馍比馒头好吃多了。

有一天，我听见，爸妈在商量，让舅舅带我跟妹妹回老家上学。东北上学的地方太远了，不方便，也不安全。老家村里就有小学，到了上学的年纪不能耽误了。我听在耳朵里，记在心里。天天盼望着，跟舅舅一起回老家。

回老家的时候，心里没有多么不舍，只有莫名的兴奋。觉得终于可以回老家了，可以吃上老家的好吃的了。一路坐火车从哈尔滨，到大连，再从大连坐船到烟台，心情舒畅，都没有晕车、晕船。看着车站那熙熙攘攘的人群，看着城市里的高楼大厦，很惊奇。船在烟台停靠，舅舅说，离老家近了，再坐一上午汽车就到莱阳了。在汽车站，舅舅买了几个苹果，说，烟台苹果，莱阳梨，你们姐俩尝尝，这苹果好不好吃。吃着苹果，坐上了去莱阳的汽车，记得那已经是秋末了，看着车窗外泛黄的树叶，看着那一个一个的村庄，觉得家乡真的是好。

到了莱阳，舅舅说，到咱们老家的地界了。听着车站里那些标准的莱阳话，看着那些带着朴实笑容的人，感觉特别亲切。因为爸爸妈妈、舅舅，他们说的都是莱阳话。四十多年前的莱阳城，很小，城里没有太多的汽车，偶尔有军绿色的吉普车驶过，还有马车、牛车。舅舅说过了吃莱阳梨的季节了，想吃只能等来年了。我心里有点失望，真的很想吃那又甜又脆的梨子。

那是第一次见到莱阳城，二十世纪七十年代末，还是大集体时代。莱阳那时候还叫莱阳县，每天早上挂在墙上的小喇叭，都在说，莱阳县广播站，现在播送新闻。每天小喇叭里都在唱《东方红》，唱《没有共产党就没有新中国》，我们那一代人是听着这些歌曲长大的，那些红色歌曲印在每个人的心里。在老家的日子过得开心又快乐，可以上学了，每天背着书包，拿着小黑板急匆匆地去上学，从a、o、e开始学语文，从1、2、3开始学数学，一切都是新鲜有趣的。冬天的北风，夏天的急雨，都挡不住上学的脚步。

大人们每天上工挣工分，我们每天上学。日子就那么过着，都是一样的饭食，一样的穿着，谁也不会笑话谁。后来爸爸他们也回来了，回到了老家盖房子。我跟二妹也不用再寄住在姥姥家。我们回到了自己的家，开始一家五口的生活。村子里有果园，每年都会分苹果，分梨。吃着分到的梨，特别甜，以为是正宗的莱阳梨。爸爸说，这还不是正宗的莱阳梨。正宗的莱阳梨，在莱阳的芦儿港，那儿的土质好，水质也好，长出来的梨又甜又脆，一般人是吃不到的。

爸爸回来两三年后，大集体时代结束了，开始了生产责任制。把土地包给了各家各户，大家凭着自己的本事种地。不到两年的时间，人们的饭桌上地瓜、地瓜干少了，玉米面饼子成了常见的主食。后来白面馒头又替代了玉米面饼子，人们的生活越来越好了。家里有了余粮，有了存款。盖房子的也越来越多了，每年春天村子里都能崛起几栋新房子。新房子多了，结婚的也多了。大多数年轻人结婚都要去趟县城，置办结婚的东西。莱阳城随着人们生活水平的提高，离农村也越来越近了。

二十世纪八十年代中期，我的眼睛近视了，姑姑带着我去莱阳城配眼镜。那时候的莱阳城，跟我第一次见到的时候，已经大变样了。楼多了，汽车多了，人也多了。看着眼前的景象，我的眼睛都忙不过来了。

后来乡村的变化越来越快，从家家户户养牛耕地种田，到家家户户买拖拉机耕地种田。土地里出产的粮食越来越多，再多的粮食也卖不了多少钱，国家鼓励多种经营，人们开始栽果树，建大棚。收入越来越多，生活是越来越好了。进城的机会也越来越多，每年的莱阳城会都会吸引很多的人，来逛城，买衣服，买电器。莱阳城一年一个样地变化着，各种大型商场、高楼不断地建成。爸爸经常说，时代的变化太快了，都不赶趟了。早些年吃够了地瓜干，去了东北，以为再也不回来了。现在不仅回来了，日子还越来越好了。邻居的老人也说，这么好的日子，一定得多活几年，享享福。现在的时代多好啊，国家还给老人钱，简直是神仙的日子。

对于"70"后的我，没吃过老辈人的苦，过的都是好日子。时代飞速发展，以前不敢想的事都成了事实。乡村越来越美丽、整洁，莱阳城越来越漂亮。出门在外，别人问起来，你是哪里的人，回答一句，我是莱阳人。不管问的人是哪里的，都会说一句，哦，你们莱阳梨很出名的。莱阳梨成了莱阳城的专属名片。其实莱阳不光莱阳梨出名，还有很多好东西。有时间来莱阳吧，你会发现莱阳不一样的美。

作者简介：莱阳市作家协会会员，曾在江山文学网、散文在线网、散文网发表数篇散文、小说、诗歌。喜欢用细腻的笔触描写生活，发现生活中的美。

悠悠岁月不了情

初明金

悠悠岁月，页页翻过，留下真情，难以忘却。

下乡

二十世纪七十年代初，我在水道公社（相当于现在的镇）当文化站长，说是带个"长"字，其实就我一个人，干的工作是写新闻报道，编歌写戏，组织编排文艺演出，总结先进典型材料，给领导写发言稿等，还经常跟领导下乡，了解基层情况。"官"不大，要干的事不少，整天挺忙的，好在我年轻，二十出头。

那时公社党委有个副书记姓任，五十多岁，在党委领导成员中岁数最大，资格最老，最受人尊敬。他五冬六夏穿的是老伴手工缝制的衣服，束裤子的腰带是一根布条，前面总是结着一个疙瘩，特别是夏天，总是鼓鼓的，不好看也没人好意思说出来。

有一天，早晨刚上班，任书记就招呼我说："小初，没事跟我下乡，到罗家屯了解些情况。"那天正好没要紧的事，我便一口答应。那时机关干部下乡都是骑自行车，我正准备去推自行车，任书记说，今儿个不骑车子，咱步行。我到办公室拿笔记本出来，任书记已经出了公社大门，不见了人影。我忙追出门去，见任书记走在前面，肩上扛着铁锨，铁锨上还撅着一个粪篓子。我追上去说："任书记，还捎带拾粪哪？"任书记说："闲着也是闲着，不耽误走道。"就这样，我俩一面拉呱一面走，遇见道上有牛屎驴粪，任书记就用铁锨铲到粪篓里，然后继续往前走。

那时，村村都在山上建饲养院，每个生产队至少一个，就是把猪圈、牛栏建在山上，据说这样往地里搬粪省力省工，村里还卫生。队里派一名有经验、责任心强的社员干饲养员。饲养院的牛栏、猪圈旁边建有一个有炕有锅灶的小屋，饲养员一天三顿饭可以回家吃，也可以回家拿饭在饲养院锅灶里熥着吃，但睡觉必须在饲养院里睡，因为"马无夜草不肥"，大牲畜夜间要喂草填料。

罗家屯村的饲养院建在村西，离村有一里多远。任书记并没直接去村里，而是领我去了饲养院。这里恐怕任书记不是头一回来，因为我看见在他把粪篓里的粪倒在大粪堆上时，饲养员老远就和他打招呼，很亲热很熟悉的样子。我和任书记前后进了饲养员的住屋上了炕。时值晚秋，外面天凉，炕上暖乎乎的。饲养员姓姜，六十来岁。任书记和老姜在炕头上东扯西拉地聊了一上午，无话不谈。眼看天快晌了，老姜说，不走吧，午饭就在这吃。我揽了一些地瓜（在刨过地瓜的地里复收的漏掉的地瓜），咱熬地瓜丝饭。在老姜熬地瓜丝饭的当口儿，任书记在热炕头上睡了一觉。中午，我们三人就着咸萝卜条喝地瓜丝饭，吃得很饱。吃完饭，抽了袋烟，我和任书记就回了公社。

时间飞逝，说话过了四十年。当年的青丝小伙变成了白发老翁。二十一世纪初，我退休又回到了故土水道，有幸结识了镇上的几位领导，清一色的年轻小伙，西装革履，飒爽英姿，或公派或私驾，出门小车，快捷便当，雷厉风行。镇党委副书记姓常，和我打交道的次数多，成了忘年交。

一天，常书记给我打电话，问我有没有时间，有时间的话，带我下乡逛逛，了解了解新农村。常书记的话正合我意。我几十年没下乡了，还真想下乡看看。我问什么时间，他说，马上。我一看表，七点了，心中疑惑，晚上下乡干什么？但我没问出口。我家离镇政府很近，便立马到镇政府大院上了常书记的车。常书记告诉我，刚从区里开会回来，接着参加了一个党委会，到现在连晚饭没捞着吃。说着，他忽然想起了什么，因为他开着车，没回头对我说，靠背后头兜里有饼干，麻烦你拿给我。我把饼干递给他，他一手把着方向盘，一手往嘴里塞饼干，就再没说话。

我们要去的村是离镇驻地十里远的南台村。十里路，很快就到了。村主任问，马上开始？常书记问，人到齐了没有，村主任说，齐了。常书记说，马上开始。接着，常书记打开车后备厢，往外搬东西。我这才知道，常书记从车上搬的是投影仪，他是来给南台村村民播放幻灯片的。进了村文化大院一看，男女老少，满满一院人。常书记安好了投影仪，村主任讲了一番话，常书记就开始忙活起来，他一边放片，一边讲解，讲的是如何创建生态文明村，村民听看很认真，会场上没有一个人大声喧哗。片子直到九点才放完。回来的路上，常书记告诉我，片子是他亲手制作的。

改革开放，天变地变，人们的思想观念变，党的基层干部们的作风也与时俱进，变得具有时代精神。

二十世纪七十年代，我在公社（现在改为镇）机关工作。1974年，我作为农业学大寨工作队的队员，被派往一个叫"岔河"的村子驻点，社员（现在叫村民）称我是驻点干部。临行，公社开下乡干部会，布置下乡驻点的任务、纪律、吃饭住宿等问题，布置完我们就骑着自行车带着铺盖卷进村了。

进村以后，住处安排在村支书不住了的三间旧房子里，吃饭是吃派饭，每人每天交四毛钱，一斤二两粮票，当天吃饭当天交钱和粮票，不能拖欠。并规定，不准喝酒，不准吃和社员不一样的饭，谁违反处分谁，是党员的以违反党纪论处。

进村的当天，安排好住处等事情以后，天就傍晌午了。老支书说，现在派饭，恐怕社员来不及准备，就在他家吃，权当是给我接风。我记得吃的是芋头，那天中午吃得很饱。下午，老支书要大队会计写一份派饭花名册，除了鳏寡孤独、戴有"地富反坏"分子帽子以及有大病的户以外，其余都写上。下午，大队会计就把派饭户花名册写好交给了我。我数了数，一共二百五十六户。我算了算，除了去县上、公社开会，按派饭花名册派饭，一家一天，能派一年。晚饭还是在老支书家吃，给他钱和粮票他不要，第二天早饭，我就吃派饭了。是头天大队会计给管饭户下的通知。早晨我起床刚洗完脸，就听外面一个喊"同志"的声音，出门一看，是个老头，胡子拉碴的，看起来六十来岁，个子不高，穿双高腰水鞋，脏兮兮的。他说，同志，饭好了，吃饭吧。我那年三十岁，论岁数，我该叫他"大爷"。我问大爷贵姓，大爷说姓李。于是李大爷在前我在后，就到了他家。

　　李大爷家住的是三间旧草房，很矮，我一米七的个头进门要低着头。屋里很暗。老大娘见我来忙打招呼说，同志快上炕快上炕，咱家没什么好吃的，别嫌乎。正说着，老大娘身后跳出个小姑娘，五六岁，扎俩小辫，圆脸，大眼，很可爱。小姑娘朝我大声说："奶奶做的油饼可好吃了，可她不让我吃，说是早晨吃不完留着给你中午吃，俺好久没吃油饼了。"说着，眼里涌出了泪花。听了小姑娘的话，我心里不免一阵激动：生产队里每人每年只能分六七十斤小麦，他们自己不舍得吃，拿来招待驻村干部，这其中饱含着我们的人民对党和政府多大的信任、爱戴、拥护和支持！我脱鞋上了炕，一边在盛满油饼的柳条盘里撕下一块油饼塞到小姑娘手里，一边说，大娘烙这么多油饼，够咱四个人吃两天，来，都上炕吃！老奶奶和小姑娘最终也没上炕。中午吃油饼，晚上吃面条。吃完面条，拉了一阵呱，从生产大队到小队，从村支书到生产队长，从地里的庄稼到饲养室的牛骡，还有儿子儿媳和孙女，无话不谈。看看时候不早了，劳累了一天的李大爷也该休息了，我把早已准备好的一斤二两粮票和四毛钱不好意思地搁在小饭桌上。李大爷说，你们为老百姓操心费力的，到咱家吃顿饭还给钱和粮票，这不是见外吗？我说，这是上级规定。嘴上这么说，心里却感到有些愧疚：自己为老百姓做的事很少，这点钱和粮票，即使再加上百倍千倍，也难抵老百姓的深情厚谊！唯一的回报，只有好好工作。

　　就这样，派完这家，这家通知下家，一家一家往下派。有一次，我正在大队办公室和村支书说事，一个中年男子闯进来，看样子很生气，进门质问支书：我家是地主还是反革命？为什么驻点干部派饭不往俺家派？你今儿个要说个道道儿给我听听，说不出个呀儿幺不行！后来一查，原来是大队会计抄写名字时把他给漏掉了。那时，谁捞不着管驻村干部的饭，在村里会抬不起头，会被人瞧不起。

时间在我出这家进那家中过去了大半年。后来因工作需要，我撤出了工作队，从此再也没吃派饭。虽说此后的几十年里，吃过不少大饭店，可怎么也吃不出吃派饭的那种感觉，那种味道。吃派饭真好。

创造春天

听镇党委常书记说，山前村的塑料大棚搞得不错，我便决定去看看。

时值隆冬三九，漫山遍野被雪封得严严实实，像涂了一层厚厚的白油漆。大路小路上的积雪，让车轮碾轧得光滑瓦亮，司机聚精会神，仍提心吊胆。路旁的树木，在寒风中瑟瑟发抖，不时发出呼呼的声响。今年冬天，出奇地冷。

山前村位于牟平、威海乳山交界处。常书记说，山前村是水道镇的一个较大村，全村有三百多户。土地中山地占百分之八十，村民收入以种地和苹果为主，前几年有十几户搞了大棚养鸡增加了收入，家家都开上了小轿车。2011年，村党支部村委会又扶持村民建造了十一个蔬菜塑料大棚，投资近三百万元，一色的"四位一体"现代化。见我对"四位一体"有些疑惑不解，常书记又给我解释："四位一体"是将日光温室、太阳能猪舍、沼气池、厕所等有机结合起来，以沼气为纽带，通过生物能转换技术，在全封闭状况下，实现同一块土地上种植、养殖并举，产气与积肥同步，形成一个能流、物流快速协调循环的生态系统；又将种植、养殖和微生物农业有机结合，是集能源、生态、环保和农业生产为一体的综合利用方式。常书记的解释让我这个外行人似懂非懂，还是到实地看看吧，眼见为实。

山前村距镇驻地二十里路，虽说难走，说着话一会儿就到了。站在村头远远望去，几排大棚排列齐整，十分威然，灰蓬蓬的水泥棚墙森然壁垒，很是壮观。我们没打扰村干部，就直接走进一个大棚里。迎接我们的大棚主人叫刘英俊，高高的个子，瘦长脸，看样子四十五六岁，很热情。大棚里七拐八弯间隔了好几个空间。由于天太冷，老刘首先把我们领进他的生活区。生活区分两部分，外间是厨房，液化气灶等厨具一应俱全；里间是宿舍，电视电话电暖气电热毯应有尽有。老刘的媳妇和儿子正在吃早饭，小饭桌摆在炕上，电视机播放着歌曲。老刘媳妇拿草莓招待我们，告诉我们儿子在曲阜上大学，现在放假了，正好给家里搭把手，因为大棚里的茭瓜很快就下来大喷儿了。老刘告诉我们，他家种了十亩地，种地之外，出去打工，一月挣几千块钱。自从前年开始伺弄大棚，就没有时间外出了。两个大棚，一个两千二百平方米，还有十多头猪，两口子得紧忙活。我提议先看看温室。老刘打开温室的门，一股暖气扑面而来，我眼前一亮：好大的一个温室啊，绿油油的茭瓜盖满了地，蒙蒙的雾气里一眼望不到边。一畦一畦，横平竖直，有如学生带格的作业本。浓绿宽阔的层层叶子下面，横竖长着脆生生的浅绿色的瓜，大的长二十多厘米，表面亮得像涂了一层透明漆。接着又领我们到了另一个栽培西红柿的温室。只见一尺高的西红柿苗排列齐整，昂首挺胸，鲜活翠绿，宛若做课间操的小学生那么生气勃勃。至此，我看到了春的生机，春的妩媚，春的活力，春的旺盛。我早已忘了外面是冰雪覆盖、滴水成冰的三九严寒季节。我由衷地感觉到人们一旦掌握了先进科学技术产生的巨大创造力。不是塑料大棚改变了季节，改变大自然、创造春天的是掌握了先进科学技术的人。

接下来，老刘领我们参观了锅炉房、养猪间，介绍了供暖和其他设施。并告诉我们，村里干部们为此操了不少心，考察立项、图纸、设备、建棚材料、聘请技术人员、贷款以及产品销售等，十一个大棚十户棚主，都一样由村里负责，咱只管干就行了，不用操大心。他家两个大棚，去年茭瓜、西红柿两茬收入八万元，今年上半年走肥猪十一头，净收入六千多元，现在圈里还存十二头肥猪，很快就能出圈。他说，咱才弄了两年，刚起步，往后会越来越好。说着说着，老刘脸上露出了笑容，笑得是那么舒心，那么畅快，就像春风里舒展的枝叶、春雨里生长的禾苗。我从老刘脸上看到了春天。

作者简介：山东省作家协会会员，散文、诗歌、曲艺、歌曲等作品多次在国家和省、市地方报刊、杂志发表并获奖。

重拾那段温暖时光

李向红

无论脚步走多远，在人的脑海中，只有故乡的味道熟悉而顽固，它就像一个味觉定位系统，一头锁定了千里之外的异地，另一头则永远牵绊着记忆深处的故乡。

我是一个土生土长的烟台人，每当春天到来，我就不由自主地想起儿时的故乡，想起故乡春天的味道……

"杨柳依依，翠生生，好做柳哨噢！"爷爷手拿一把小剪刀，粗糙的手轻轻扭过柳枝最细嫩的部分。一掐，一扭，一拔，不过半刻，一支小巧精致的柳哨就跃然呈现掌中，爷爷吃力地弯腰，蹲下来给我，眼底是多年未变的慈爱。

"我……我吹不动！"我有些不满地嘟囔。

"莫心急，再多吃几年饭喽。"爷爷笑着，慢慢地抚摸我头顶。

微风荡漾，拂过爷爷的发丝。

"大孙女，快来摘香椿！"奶奶向我招手，和风中我嗅到了香椿的丝丝清香。我最爱吃香椿，总是一天三遍地看着房角那棵香椿树发呆，真想早日拿着钩子扒下嫩嫩的芽子吃个够。听到奶奶的喊声，我丢下爷爷，快速跑到奶奶身边。"我来了，我来了……"

踮着脚尖，仰着脖子，我帮奶奶寻找香椿树上的那些暗红。找到了，找到了！一簇簇短短的芽子，不知何时已经在干瘪的枝尖绽开了笑脸，从高至低，错错落落地像是给这位老者扎上了灵动的蝴蝶结，那嫩嫩的芽子，被阳光穿透成靓丽的紫红，闪着淡淡的油光，在湛蓝作为底色的映衬下，显得格外耀眼、温情，一时间觉得香椿芽就是春天，春天就只有香椿芽。

"爷爷，爷爷，快来帮忙……"

"来了，来了，我的大孙女……"

爷爷举起带钩的长长的大竹竿，将那些可爱的香椿芽引入铁钩里，然后猛地一拧杆把儿，只听"叭"的一声脆响，一簇香椿芽就应声飘落下来。不一会儿，香椿芽已散落一地。

我跑来跑去，把这些香椿芽都捡到小筐里，吵着让奶奶给我炸香椿鱼儿吃。奶奶先是把这些香椿一片叶子、一片叶子地择好、码好，然后洗净，放在盆里用温水加盐腌一下。趁着这个空隙，奶奶腾出手来准备和面糊。先在碗里打两个鸡蛋，放入适量的面粉和水，搅匀，直至能在筷子上拉出丝就可以了。烧开油，取出腌好的香椿芽在面糊里裹一下，迅速放入滚烫的油锅里，只听"吱啦"的一声，那个裹了面糊的香椿芽，顿时翻滚着膨胀起来，成了焦黄颜色。

一直站在旁边的我，早已被锅里的香椿鱼儿馋得大咽口水了。一出锅，就用手抓起来吃，烫得我直跺脚摇手。奶奶乐了，拿出碗盛好递给我。我便乖乖地坐在灶前，吸溜吸溜地吃到肚圆，抹一把嘴上的油，跑着玩去了。等回来，又会吃上一大碗。

"我的娃，别吃多了，小肚肚受不了……"奶奶担心地说。

"嗯嗯嗯……"我嘴里不停地吃着，含糊地应着。

"三月八，吃椿芽儿。"这是我们烟台这个地方极具特色的美食，民间俗语说："雨前椿芽嫩如丝，雨后椿芽生木质。"所以在烟台吃椿芽一定要按照时令赶紧摘吃。吃了椿芽没几天，空气中就飘着槐花的清香。

那一簇簇槐花在微风中推搡着，拥挤着，交头接耳。

"奶奶，奶奶，快点。"我拉着奶奶的手，来到屋后槐花树下，槐花树上坠着一簇簇槐花，掩映在一片嫩绿之中。密密匝匝的槐树，向天空延伸着，好像就快划破天际。"奶奶，你看，槐花都开了，你给我包槐花包子，好不好啊？"奶奶捏捏我的小鼻子，宠溺地说："好，奶奶这就打槐花，给你包槐花包子。"

奶奶拿来钩香椿的那根竹竿，在树下仰着头，瞄准那一簇簇槐花，慢慢地钩住，猛地一折，"啪嗒"，一节槐花枝就掉下来了。阳光照在奶奶身上，给奶奶镀上一层金色。我在下面跑来跑去把槐花枝捡起来放在一起，然后静静地坐在地上，把那一簇簇槐花撸下来，放在大瓷盆里。我边撸槐花边往嘴里塞槐花，嚼几下，甜丝丝的，味觉得到了小小的满足。

满满的一大盆槐花，有的含苞欲放，有的已稍微绽开，小小的浅黄色的花蕊，配上雪白的花瓣，甚是好看。

奶奶把槐花用温水洗着，槐花的花瓣一片片随水展开，捞出，晾干，加入各种调料与肉馅拌匀，然后再切一些韭菜放入，馅料就做好了。

"奶奶，我帮您揉面。"

"好，好，大孙女，能帮奶奶干活喽——"

奶奶边说边用沾了面粉的手刮了一下我的小鼻子，我的小鼻尖顿时白白的，惹得爷爷奶奶哈哈大笑，屋里洋溢着祖孙的欢声笑语。

待揉好面团后就可以开始包包子了，奶奶把面团弄成小剂，擀好，放入调好的馅包一揉一捏，一捏一揉，三下五除二就把包子包好了，锅中大火蒸二十分钟就好了。

一掀锅，一股槐花的清香就飘了出来。

"好香呀！"

"你这个小馋猫，给你，慢点吃。"

奶奶赶紧取了一个放入我碗中，我迫不及待地拿起来，"好烫！"边说边咬一口，"哇，哇，好吃，好吃，奶奶真好！"槐花的清香充满我的口腔。

现在想想，那真是一种无上的美味！家乡独有的美味！

"海上往来人，但爱'鲅'美。"到了六月，就是鲅鱼上市的季节，我的家乡烟台，靠海。海阔，鱼也多。我们这儿有句俗话，"春天到，鲅鱼跳。鲅鱼跳，丈人笑"，到了鲅鱼上市的季节，女婿都要给老丈人送鲅鱼，仿佛吃不上一顿鲅鱼，这一季就过得不美满似的。

"爷爷，爷爷，咱去买鲅鱼，包箍扎（饺子）……"

"好咧，好咧，给大孙女包箍扎喽……"

我扯着爷爷的手，蹦蹦跳跳地来到海鲜市场。沉重的箩筐堆满海鲜市场，即便是再节俭朴素的家庭，也会买上一条新鲜肥美的鲅鱼，清蒸、红烧、油爆、煲汤，或鲜嫩白洁、白里透红，或皮酥肉嫩、香气四溢，皆色、香、味俱全，但"好吃不过饺子"！

爷爷将买回的鲅鱼带回家中，乍望去，新鲜、锃亮。扒皮、剔骨、去刺，取肥美的鱼肉用刀拍散，剁成散碎肉泥，撒上嫩韭菜叶，拌入调味品，和成鲜美的饺子馅儿。

奶奶也不闲着，和面。温开水倒一碗，水里放些许盐。只见奶奶把水徐徐地倒入盆中，用筷子不停地搅动，没有干面粉都成面疙瘩的时候，奶奶就下手揉面了，揉到面的表面很光滑就好了。

奶奶边忙活边说："大孙女，好好学着点，和面时，软硬适中，面光盆光手光，这才是把面活好了。"

"嗯嗯，我长大了也包箍扎给奶奶吃。"

"奶奶盼着咧……"奶奶高兴地笑了。

爷爷、奶奶、我三人齐上阵。爷爷擀皮，中心厚，边儿薄，如此，煮出来的饺子才馅满汁多，皮韧味足。奶奶包饺子，将饺皮铺在手心上，用牛骨匙挑馅放入饺子皮（我们这都用牛肋骨做饺子匙挑馅），捏住边儿，两手往中间一挤，饺子立马站起来，大肚子活像一大元宝，好可爱。

我用小手捏住大元宝，往算子上拾饺子。"一个，两个，三个……奶奶，我记不住了……"

"哈哈，哈哈……"爷爷奶奶爽朗地笑着。

"煮箍扎喽……"爷爷大火烧水，等锅里的水烧开了，冒着一个个大泡泡，奶奶将包好的饺子丢到锅里，顿时，烟雾缭绕，朦朦胧胧，白胖的大元宝在水中翻滚，在蒸汽中若隐若现。

饺子煮好后，奶奶便吆喝道："吃箍扎啦，都吃箍扎啦。"我们这儿称饺子为"箍扎"，小时候我不知道是什么意思，便缠着爷爷奶奶问，后来一想，用饺子皮"箍"住馅，再用双手捏紧一"扎"，不就是箍扎嘛。

饺子出锅，端上饭桌。

"鲅鱼箍扎，好吃得不得了，好吃得不得了，快吃喽。"爷爷说。

我们这儿的饺子奇大，外皮剔透，内馅饱满，像是一艘满载翠玉珠钗的琉璃船停泊岸边，一筷子扎下去，泛着热气，汩汩的鲜香汤汁就冒出来了。用筷子夹起，"呲溜"饺子就滑进嘴里，咬一口，皮弹而不腻，馅鲜嫩多汁，入口即化，紧凑细腻的鲅鱼肉夹着韭菜，渗出缕缕汤汁，唇齿留香，在口间荡漾，其馅之鲜，皮之透，皆为别处饺子所不可及也。

耳畔，笑声不断，一家人围坐桌旁，隔着腾腾的热气，溢出浓浓的温情，在空气间弥漫，荡漾……

春暖花开，一年又一年，无论我们的脚步怎样匆忙，不管我们有多少聚散和悲欢。即便是历经险阻，也一样会因为一种味道，以其独有的方式，每天三次，在舌尖上提醒着我们：月是故乡明，饭是家乡鲜，家是烟台好！

很想在花开的季节回到故乡，穿过仄仄的小巷，手抚矮墙，找寻岁月的沉香，翻开一页页白羽般的过往，织成流年最美的篇章，最好是微雨含春，更有花香飘过矮墙。

作者简介：烟台政协委员，首届烟台名师，烟台名校长，鲁东大学研究生合作导师。在《山东教育》《广西教育》《现代教育》《烟台教育》等刊物发表论文多篇。

守望

骆　岩

题记：

> 葬我于高山之上兮，望我故乡；
>
> 故乡不可见兮，永不能忘。
>
> 葬我于高山之上兮，望我大陆；
>
> 大陆不可见兮，只有痛哭。
>
> ——于右任

一、"我有男人！没死！"

我是叶家媳妇，婆婆持家刚硬霸道，这种标签式"婆婆经"传承于婆婆的婆婆，也就是丈夫的奶奶范氏，村里的老辈儿都说奶奶是个"咬钢嚼铁"的女人！

女人是水做的，没有哪个女人是天生刚硬的，除非遭遇了大的变故和太多的磨难。直到我知道背后的故事，对叶家女人，尤其是奶奶，肃然起敬。

爷爷叫叶茂勤，山前村人。长岛位于闯关东的水路线上，爷爷年轻时在东北学徒，那一年，长岛尚未解放，东北野战军在辽沈大地上摧枯拉朽。大势所趋，解放在即，人人都带着对新生活的向往。国民党兵员不足，开始在长岛抽调兵员，摊派给山前村两个名额，谁都不愿意去当炮灰，村长只好组织抽签。爷爷在这个节骨眼儿上回长岛探亲，然后莫名其妙地参与了那次抽签，又鬼使神差般抽中，突然就成了国民党士兵，随即转移，从此音讯全无。

爷爷这一走，留下了年老的父母、未成家的弟妹，还有妻子以及八岁的儿子。奶奶时年三十岁，上有老下有小，一个扁担两头沉，左肩累了换右肩。

奶奶原先是小脚，后来放了足，耕田种地比谁都要强，教育孩子也严格，家风如帜。奶奶坚信爷爷没有死，也坚信爷爷还要回来，她得撑起来，给丈夫一个交代。有一年，在生产队抢镢头刨地，奶奶与村里一名妇女起了冲突。农村人吵架口无遮拦，对方急眼，骂奶奶"寡妇"，奶奶忽然就沉默了。回家后，带一把镰刀径直找到那家人家，把镰刀砍在门框上，对着缩在屋里的人，一字一顿地说："我有男人！没死！"

同样作为女人，我不知道，那一晚上奶奶是怎么度过的。或许默默流泪，或许沉默无言，可是天明了，还是要洗洗脸过日子。男人是树，女人是藤，树不在了，藤就是树，是家里的顶梁柱。许多年以后爷爷返乡，邻居感慨奶奶一辈子的艰难和不易，爷爷却岔开话题，只说儿媳添丁有功，往事不堪回首。

海潮涨了又退，麦穗青了又黄，奶奶没在人前掉过一滴泪。桅杆一样的奶奶，把老人送走，把儿子养大，儿子又生了两儿一女，就像海水咸滩上一株小树，倔强地开枝散叶，眺望着远方。

二、"把我的骨灰捎回大陆，埋在长岛老家。"

孩子们慢慢长大强壮，改革开放春风又起，日子过得越来越好，海风里都是欣欣向荣的气息。1989年，《昨夜星辰》等港台剧早已热播，大街小巷到处是邓丽君甜美的歌声。

某天，奶奶忽然收到从台湾寄来的一笔数目不菲的钱，署名是"叶茂勤"！

奶奶是对的，爷爷果真还活着！

一家人忍不住地激动，只有奶奶面色如常，说：退回去，我不要钱，要人！

奶奶这句话的意思是：我还在等你，一大家子都在等你。

爷爷在台湾有家室了吗？他还会回来吗？

会，当然会！奶奶有信心。

后来听说，当年5月爷爷就悄悄地回了一趟长岛遂又返台，他沉默寡言，家里人也守口如瓶。只知道爷爷有哮喘病，早已适应不了家乡的气候，时值"五一"还穿着厚厚的棉衣。

分离时风华正茂，再见时相对白头。月明人静时的对视里有多少哀怨和欣喜，我难以臆测，只想到了一个词，叫作"断肠"。

……

1992年，那是一个春天。随着改革开放的深入，人们思想早已不再那么守旧。我正准备嫁进叶家时，听说爷爷又要回来了。

初见爷爷，他第一句话是"这个媳妇个儿大"，说我个子高，言下之意是中意。家里赶忙操持我们的婚事，好让爷爷在返台前看到孙辈和合，我和丈夫就顺势匆匆结了婚。

　　家乡的规矩，新娘婚后要下厨做菜，表示新媳妇从今往后要谨事公婆，同时测验新媳妇的持家能力。我婚前很少做家务更没做过饭，手忙脚乱炒了一盘花蛤，早听闻婆婆严格，心怀忐忑，战战兢兢。婆婆示意给坐在院子里的爷爷尝尝，爷爷正在逗猫，老远就大声说："嗯，味道不错嘛！"明显是在替孙媳妇解围。我如释重负，对这位慈祥的老人更增亲近之感。

　　二十世纪九十年代初，长岛是全国最早的小康县之一，叶家装修了两间东厢房做我们的婚房，娘家陪送了冰箱、电视机、洗衣机、整面墙镜和全套家具。小窝还没暖和过来，婚后没几天，婆婆出面引乡经据野典地说"东为大"，应该给家长也就是爷爷住。于是七十八岁的爷爷携妻鸠占了我们小两口的爱巢，墙上、窗户上还贴着大红喜字。

　　霸占了孙子孙媳妇的新房后，钢铁做的奶奶竟然又温柔似水了。二十世纪九十年代初期啊，奶奶浑然不顾乡亲们的眼光，和爷爷手牵着手出去逛街，向全山前村，乃至全南长山岛展示着她活生生又高大的男人，那种最美不过夕阳红的爱情，仿佛熊熊大火，越烧越旺。

　　偶尔我会琢磨，老两口会去哪儿？是年少时一起劳动的地方，还是最后一次见面的港口，甚或是第一次约会的林海沙滩？总之，大家都纵容甚至羡慕着这对曾经的少年夫妻。

　　……

　　1994年，我的儿子出生，奶奶好长时间不让报户口，说是得让"家长"起名。全家只好随口叫"小老秃儿""小丑孩儿""小坏蛋"，小家伙一脸茫然，奶奶紧张得不得了，唯恐应了哪个名字。孩子过"百岁"时，爷爷终于回来了，奶奶把小家伙金锁银镯披挂齐整，像献宝一样托到爷爷面前，那意思是"叶家香火任务没给你耽误了"。爷爷希望孩子身体强健，就说叫"强强"吧，真够土气，但家里人没人敢有异议。爷爷总是高兴地喊"强强哦"，那独特的台湾腔居然很好听。他是一个很和蔼幽默的老人，家人喜欢拿五岁重孙女的小眼睛开玩笑，那天孩子们戴着自制的面具在嬉闹，爷爷慢悠悠地说："把晓林眼睛剪大点。"这么多年了，这其乐融融的场景至今难忘。

然而，欢乐的时光总是短暂的，爷爷的续签到期，必须返回台湾。据说奶奶从不到门口道别，总是找借口回避。

我们晚辈不做声，爷爷也不做声，默默地出了门。傍晚阳光里，我仿佛看见爷爷靠着飞机舷窗，窗外亲人和大地越来越遥远，奶奶在老家倚着窗户，影子在夕阳下拉得越来越长。

……

1996年的春天，就像一只候鸟，爷爷又如期回家来了。他还是按照习惯，每天喜欢"打八圈儿"，街坊邻友也都随着他的意，看爷爷怡然的样子，好像从来不曾离过家。他哮喘的老毛病越来越重，老人心里有数，催促着儿孙们办理定居的事。爷爷返台前，我把县城里照相馆的师傅请到家，照了唯一一张全家福。然后爷爷又走了，奶奶也像每一次离别那样，没有到门口道别。

天上的神仙用银针划了一条天河，牛郎织女一年才相见一次，这便是人间最感人的守望。而爷爷奶奶对望四十年，好不容易隔年见了四次，这次却是永诀。

……

1997年4月，爷爷正筹谋归乡，哮喘加重，溘然长逝，细节不多。只知道他没让家人赴台探望，只是委托老友老刘"把我的骨灰捎回大陆，埋在长岛老家！"

此后诸多缘故，爷爷骨灰一直没能回来。每逢年节，我们总要给台湾刘家写一封拜年信，直到他的老友去世，两地逐渐失去了联系。而爷爷埋骨桑梓的遗愿也成了我们家挥之不去的心病。

三、"我有男人，他一辈子没回来过"

我原本是一名教师，下过乡镇干过机关，却最终从事统战，台办更是分内工作。公公把我叫到面前，语重心长地嘱咐："以后爷爷骨灰的事，就交给你了。"

2013年因公赴台，站在基隆山上，俯视爷爷口中的基隆市，感觉不过南长山大小，我赶忙拨通了家里电话，让家里找拜年信上的地址。几经周折，我见到了爷爷老友的遗孀王奶奶。王奶奶再三确认后，知道我是叶家孙媳妇来接爷爷了，十分激动。从言谈里，我慢慢复原出爷爷在台湾的故事。

原来当年赴台途中，壮丁们大量逃亡，爷爷没逃得了，最终到达台湾并安置在基隆港附近的眷村（大陆军人的安置所）。这个眷村里很多都是山东人，爷爷在这里遇到小他十几岁同是长岛籍的刘汝孝，并成为好友。老刘经营着渔业生意，爷爷就在老刘那里做称鱼验鱼的差事，爷爷刚正不阿，又忠厚公平，远近口碑一直都很好。

王奶奶说，你爷爷一直挂念着家乡，挂念着你们。这些年，他一个人含辛茹苦，为托孤的战友养大了女儿，后来义女结婚出国，要带爷爷走，爷爷没同意，只贴身留了义女一张照片。他给了我们家十万台币，嘱托我们处理后事，就是把骨灰带回大陆老家，孩子，你终于来了。

之后兵分两路，王奶奶办理复杂的骨灰申领程序，我回故乡办理证明手续。2014年我再次赴台，专程去台北的海基会咨询具体的办理程序。

期间，我去王奶奶家做客，王奶奶说"这就是你爷爷常坐的沙发"，我坐在上面，抚摸着光滑的扶手，触摸着爷爷的过往，想象着爷爷每天饭后到老友家看电视、喝茶，然后说句悠长的"走喽——"，踽踽回到相隔不远的寂寞之所，希冀在梦里回到隔海相望了半生的故乡长岛，那里有他的一世牵挂。

随后，王奶奶带我到"基隆市荣民服务处"，找到二楼爷爷曾经住过的房间，原来爷爷的房间离基隆港那么近。

我不禁想起了余光中那首诗"乡愁是一湾浅浅的海峡，我在这头，大陆在那头……"

仿佛置换了时空，我看见爷爷就这么站在基隆港北望，就像奶奶站在长山尾南眺，其间隔了万水千山的距离，隔了四十年的时光。

……

当年的7月，王奶奶的儿孙回乡，特地护送爷爷的灵骨归根。

老来多忘事，唯不忘相思。晚年奶奶罹患阿尔茨海默症，总是独自念念叨叨。我们讨论着用什么方式告诉奶奶，期待着奶奶喜极而泣的模样。

我们凑在她耳朵上说："爷爷回来啦……"

九十七岁的奶奶望着远方，仿佛怕惊动了什么，轻轻地说："我有男人，他一辈子没回来过。"

……

后记：在时代洪流面前，个人命运不过是一滴水，只能随着大河的奔涌而流落。那些读本、小说的情节，飞入寻常百姓家，跨越人间七十年，改变了爷爷奶奶乃至我们全家的轨迹。爷爷相对是幸运的，最终与奶奶合葬长岛，峰山林海乡貌，松风涛声乡音，而那些飞不过海峡的守望，那些客葬基隆山头的孤坟又有多少？如今，我把这段往事讲给统战同仁们，时代给了许多故事一个破碎的开头，而我们要给那些故事一个温暖的结尾。

作者简介：长岛海洋生态文明综合试验区工委管委办公室副主任，曾获山东省台港澳工作先进个人等荣誉称号。

冰心与烟台的对联情缘

蔡红柳

走进烟台山上的冰心纪念馆，我们会很自然地想起冰心先生与烟台的深缘。童年的冰心，深爱着烟台的大海，"海化性格"对她有很大的影响。她与大海的情缘，我们已熟知；实际上，在烟台，冰心先生也与对联结下了不解之缘。

冰心纪念馆中悬挂着一副楹联：

世事沧桑心事定；
胸中海岳梦中飞。

上款是"冰心女士集定庵句索书"，下款是"乙丑闰浴佛日梁启超"。

此联是冰心留学美国时，其表兄请梁启超先生为她书写的。"定庵"，即清代诗人龚自珍的号。此联属集句联，是冰心从龚自珍的《己亥杂诗》中集选而成的。龚自珍（1792—1841），清代杰出的文学家、思想家，改良主义的先驱。他为官期间，主张革除弊政、抵制外国侵略，全力支持林则徐禁烟。他的诗文也主张"更法""改图"，揭露清统治者的腐朽，洋溢着爱国热情，被柳亚子誉为"三百年来第一流"。由此可见，龚自珍虽为一书生，却有心系天下的壮怀。上联出自《己亥杂诗·一四九》，写龚自珍触怒权贵、辞官出京归杭州时的心情，表明其历经沧桑、身受挫折、不改初衷的决心。下联出自《己亥杂诗·三十三》，写海山在怀、入梦，表现其胸怀之博大、志向之高远。

由此可见，冰心集句，当有抒发自己抱负之意。冰心童年时，因父亲谢葆璋受命担任海军训练营营长，同时负责筹办海军学校，她随父迁至烟台，在此居住八年。这期间，她开始读书，接触中国古典文学名著与博大精深的中国传统文化。其父谢葆璋的爱国精神，对冰心有很大的影响。同时，她渐渐熟悉了烟台的风物与人民。在《我的童年》中，她这样记载："父亲办公的时候，也常常有人带我出去，我的游踪所及，是旗台、炮台、海军码头、火药库、龙王庙。我的谈伴是修理枪炮的工人、看守火药库的残废兵士、水手、军官，他们多半是山东人，和蔼而质朴，他们告诉我许多海上新奇悲壮的故事。有时也遇见农夫和渔人，谈些山中海上的家常。"这一切，铭刻在冰心童年的心灵中，为她爱国思想的形成埋下了伏笔。

对联落款中的"乙丑"是指 1925 年。当时，军阀割据，连年战乱，民不聊生。冰心先生远居海外，对祖国的爱更为深厚，时时心系祖国的命运。所以，冰心仰慕爱国诗人龚自珍的为人，从他的诗中择句而集成联，就很容易理解了。上联写任凭世事沧桑，心志不改，有自勉之意；下联写胸怀海岳，梦想依然，含在艰难时世中坚守理想之意，其境壮阔，其情豪迈，其意深沉。"沐佛日"乃农历四月初八，是佛教创立者释迦牟尼的诞生日。梁启超先生是佛学大家，作为书写者，他留此落款，可能寄托了渴望拯救苦难之深意。

冰心先生在她的另一篇《我的童年》中说起此联："……谢天谢地，因为这副很短小的对联，当时是卷起压在一只大书箱的箱底的，'四人帮'横行，我家被抄的时候，它竟没有和我其他珍藏的字画一起被抄走！……"

是的，至今此联还在，以它厚重的内容、质实的笔力，以作者与书写者淳朴的情怀，深深感动着我们，唤起我们对家国的爱，让我们在喧嚣与浮躁中沉静，在艰辛与磨难中思索，重新点燃梦想，重新去阅读山海的雄浑与博大，这是我们的大幸。

冰心非常热爱对联，实际上与童年在烟台的经历是分不开的。 1903年，冰心随家由上海迁居烟台，这期间，冰心开始受到启蒙教育，学习认字，并阅读墙上的对联。冰心对对联的兴趣，即从此时开始萌芽。后来，冰心在她的《读书》中写道："我自从爱看书，一切的字形，我都注意。人家堂屋的对联，天后宫、龙王庙的匾额、碑碣，包裹果饵的招牌纸，香烟画片后面格言式的短句子，我都记得烂熟。"在漫长的文学生涯里，她写过《我家的对联》《谢家墙上的对联》《再谈我家的对联》《春节忆春联》《从春联想到联句》等，可见对联这种文体，对她有非常重要的影响。在《谢家墙上的对联》一文中，冰心简要地提到了她在烟台期间见到的几副联。

　　我从前写过我的识字是从父亲书房里的一副对联学起的。那是我幼年在山东烟台居住时的事，那副对联是：

　　此地有崇山峻岭茂林修竹；

　　是能读三坟五典七索九丘。

　　在散文《我的童年》中，冰心也提到了此联：

　　1903～1904年之间，父亲奉命到山东烟台去创办海军军官学校。我们搬到烟台，先住在市内的海军采办所，所长叶茂蕃先生让出一间北屋给我们住。南屋是一排三间的客厅，就成了父亲会客和办公的地方。我记得这客厅里有一副长联是：

　　此地有崇山峻岭茂林修竹；

　　是能读三坟五典八索九丘。

　　我提到这一副对联，因为这是我开始识字的一篇课文！父亲那时正忙于拟定筹建海军学校的方案，而我却时刻缠在他的身边，说这问那，他就停下笔指着那副墙上的对联说："你也学着认认字好不好？你看那对子上的山、竹、三、五、八、九这几个字不都很容易认的吗？"于是我就也拿起一支笔，坐在父亲的身旁一边学认一边学写，就这样，我把对联上的22个字都会念会写了，虽然直到现在我还不知道这"三坟五典八索九丘"究竟是哪几本古书。……

　　冰心所言的"海军采办所"，即北洋海军采办厅。1888年北洋海军创立，在此设立采办厅，为海军后勤服务。甲午海战中，北洋海军战败，采办厅停办。这是她到烟台后的第一个寓所，在烟台山下与朝阳街交错的会英街上。这副被冰心反复提到的联，乃清代学者袁枚题书房联，一说为林则徐赠左宗棠联（胡君复《古今联语汇选》）。冰心在两篇文章中，提到的联略有出入，一为"七索"，一为"八索"，袁枚之联，乃"八索"。

上联用王羲之《兰亭集序》之句："此地有崇山峻岭，茂林修竹，又有清流激湍，映带左右。……"表达了对自然环境的热爱与感恩之情，抒发了对生命中最美好、最宝贵时光的深深眷恋与期待。也暗含人当修身养性，学山之崇、竹之修洁之意。下联言及我国传说中的古籍，据现有资料，"三坟五典八索九丘"最早见于《左传·昭公十二年》，楚灵王称赞左史倚相："是良史也，子善视之，是能读《三坟》《五典》《八索》《九丘》。"此处泛指古籍。

此联综合了人与自然之和谐、与古人之精神交汇、对中华文化之敬慕渴求，最初乃文人怡情之作，然与烟台海校历史背景结合，亦有深深的爱国情怀埋藏其中。文化乃一个民族的精神根基，更是国运衰微之时团结民众、唤醒民魂的关键点。从此联可见，谢葆璋先生作为一位爱国志士，深爱祖国的传统文化，这对冰心有着巨大的影响。

《谢家墙上的对联》中，还记录了另一副冰心在烟台所见的对联。

还有一副是清末以弹劾庆亲王而被谪南归的江春霖御史写的。那时他真是"直声震天下"！江老先生南下路过烟台时，在父亲的客室里住过几天。他写赠我父亲的一副对联是：

庠舍争归胡教授；

楼船犹见汉将军。

这当然是扣住父亲是海军学校校长的职位写的。我那时不懂得细问"胡教授"是出自什么典故，只记得他在上款中还有几句"……被谪南下，阻雪难行。"他久知我父亲是个"裘带歌壶，翩翩儒将，心向往之"，因此就在烟台逗留了几天。江老先生的字方正秀劲，真是"字如其人"！

同一副联，在冰心的另一篇文章《我家的对联》中，如此记述：

在上联旁边还有小字，说他"自京南下，阻雪难行"，在芝罘会见了我的父亲，很喜欢他的"裘带歌壶，翩翩儒将"的风度，就写这一联相赠。父亲对我解释这对联的时候，也说他和江春霖只是初交，当时江春霖因为弹劾了庆亲王而被罢官，他也很佩服江春霖不畏权贵的风骨，因此才把这位"交浅言深"的朋友的赠品，张挂起来。

从这两处记述，我们可以看出，该联是江春霖在烟台所作。江春霖（1855—1918），字仲默，一字仲然，号杏村，晚号梅洋山人，福建莆田人，光绪二十年（1894）进士，历任翰林院检讨等要职，官至新疆道，兼署辽沈、河南、四川、江南道监察御史。为人光明磊落，不媚流俗。访察吏治，敢于与权贵抗争，号称"直声震天下"。宣统二年（1910）被罢官归里。其个人生活方面，厉行节俭。有《咏水仙花》诗："雪貌冰姿冷不侵，早将白水自明心。任教移向金盆里，半点尘埃未许侵。"而于公益事业，则倾心付出。

此联当作于1910年。上联"庠舍争归胡教授"，冰心言未问出自何典。当时，江春霖本与萨镇冰有交谊，谢正担任海军学堂校长，江知谢爱国强国之意，以为知者，乃留下此联。庠，乃我国古代对学校的称呼。此处的"庠舍"当指当时的学堂。"胡教授"，费解；然与下联"汉"对照看，或可解释。胡，本是匈奴的自称；可指中国古代北边的或西域的民族。在此联中，当指外国人。因此，上联的意思是：各种学堂争着聘请外国教师。这也符合当时的情况。当时，西学盛行，新式学堂延聘外籍教师，也成为一种风尚。《京师大学堂章程》中说，"专门学十种分教习各一人，皆用欧美洲人"。

下联中的"楼船"是水军高大的战船。陆游《书愤》："楼船夜雪瓜洲渡，铁马秋风大散关。"孙髯《大观楼长联》："汉习楼船，唐标铁柱……"汉代楼船是水军的主要战船，而汉代又是我国国力强盛、疆域辽阔的朝代，作者如此写，暗含鼓励发愤之意。下联的意思是：水军中，尚有我国的将军尽心指导。与上联相互映衬，形成对比，试看：在众多学堂聘请外国教师之时，海军学堂依然是我们中华民族的海军将领在坚守。笔者以为，此联既表达了对谢葆璋的敬佩与赞美之情，也含有知音相惜、殷殷勖勉之意，含有坚持理想、爱国图强之希望，是一代志士的心声。楼船犹见汉将军，这也是一种动人的坚守，是对中华海疆的坚守，对民族大义的坚守。短短十四字，今日读来，依然令我们心潮澎湃！此联同样在少年冰心的心中种下了爱国的种子，当时的她，可能不能完全明白其中的深意；但那种英雄之谊、志士之气，深深感染了她，令她一生难忘。

冰心一生热爱对联，她在烟台，与海结缘，也与联结缘。联语之美，开启了她最早的文学之思。我想用冰心的一段话作为结尾：

我这一辈子，在师友家里或在国内的风景区，到处都可看到很好的对联。文好，字也好，看了是个享受，我以为我们中国人应该把我们特有的美好传统继续下去，让我们的孩子们从小起耳濡目染，给他们一个优美的艺术的气氛！

作者简介：芝罘区楹联家协会主席，主编有《联韵沁芳——烟台芝罘名胜楹联选析》。

油灯

陈忠超

每次回老家，我总是去后屋站站、看看，那是爷奶住过的老屋，也是我从小生活过的地方。

物是人非。恍若隔世。

这次回去，我无意看到一个小油灯，静静地躺在老屋的一个角落里，神态冷漠，满脸寂寞，周身裹着一层厚厚的灰尘。我走上前，把它拿起来，轻轻握在手中，端详着它，心中涌出一丝不安和歉意。

这是我和爷奶在这个老屋共用过好多年的油灯。

油灯也叫煤油灯，里面的煤油就是汽油，老人也称作"洋油"。煤油灯是过去农村在没通电之前最主要的照明工具。

一个高约十厘米的玻璃瓶，铁盖中间开一圆孔，圆孔里插个软铁做的铁管，再用一张大仿纸或者一块旧布，搓成灯芯插进灯管里，倒入煤油，点上即可。

这种灯在集市上有卖的，大多是自己做的。很简单，但很实用。

油灯最主要的阵地是灯窝。灯窝设在火炕和锅灶之间的土墙上，是通透的，到了傍晚，点上灯，亮光既可以照到炕上做作业的孩子，也可以照到锅灶间做晚饭的婆娘。做完了饭，再把油灯悬挂在火炕墙壁的钉子上，或者是一个特制的木制的灯座上，我们土名叫"灯挂"，就在饭桌边，能亮一些，但仍昏暗。当然也习惯了。习惯了好多年。一家人就在这昏暗的油灯下面吃饭，清汤寡水，缺油无肉。当然更习惯了，能吃上饭，能吃饱饭，已经是心满意足了。吃过饭再把油灯送到灯窝里，孩子继续在昏暗的灯光之下，完成作业，写写画画，婆娘继续在昏暗的灯光下，做点家务，洗洗刷刷。

那时候的一切在我现在的心目中，都像是灰暗的灯光一样，只有灰色，没有彩色。我们就是在那样灰暗的灯光下，过了一天又一天，过了一年又一年……

煤油那时紧缺得很，一户每个月好像只有半斤，所以只能节省着用。上小学的时候，遇上有晚自习课，每个小学生不但要背着书包，还要自带一个小油灯，自力更生，自给自足。后来，因为好多学生实在没有多余的煤油用于晚自习照明，学校不得不提供一点煤油。这样，学生是多了，但上学是假，要煤油是真。每个学生都拿着空油灯，上晚自习前每人倒一点，自习的时候尽量少用，省一点煤油带回家倒在家里的油灯里，第二天再拿着空的油灯到学校，就为了这一点点煤油，说起来难受，但不可怜，小老鼠搬家似的……

我也经常这样干，而且乐此不疲。

人穷志短，马瘦毛长。

永远不要再回到那个一穷二白的年代！

狗们活得凄惶，人们活得无望。

那时候真是穷，可以说是一无所有，但因为家家户户都差不多，所以也没有感觉到多么困难和不公平。我从小身子弱，老咳嗽，因为从四岁起就生活在爱我疼我的爷奶身边，虽说不上受到百般呵护，但家里绝大部分好吃的都在我的肚子里，所以和周围的同龄孩子相比，我的确好运很多，幸福很多。

爷爷一直在生产队当队长，后来年纪大的时候在村里当护林员，课余空闲的时候，我爱跟着爷爷这里跑跑，那里看看。天空尽管永远是灰色的，但有了爷爷和奶奶无私的照顾，我的小日子照样过得开开心心，无忧无虑。

有一个下午，爷爷在村南的林子边除草，我在一条溪水潺潺的小河边捉蚂蚱。从公路那边走来一个老汉，赶着一群白色的羊。爷爷热情，招呼那老汉过来抽袋烟再走，那老汉也不推辞，过来和爷爷蹲着抽旱烟，说说话，羊群也停下来，在林子边吃起青草。

说着话，爷爷和老汉提起想买一只小母羊，准备养大后挤点奶，好给多病的我补补身子，老汉好像没多犹豫就答应了，两人很快达成了协议，并把选好的小羊羔用麻绳拴在一棵小树上，爷爷回家取钱。

把钱装进兜里的老汉赶着羊群沿着公路继续往南走，小羊羔孤零零地留在小树边。灰暗的天空下，一个老汉赶着一大群羊缓慢地挪动着，另一个老汉带着一个七八岁的小孩子，无声站在那里，还有一只再也见不到爸爸妈妈兄弟姐妹的小羊羔……小羊羔开始很安静，在羊群快走出视线的时候，忽然意识到什么，立马凄厉地叫起来，一声接一声，那边羊群中也有大羊回应着，开始是一只，后来是好多只，一只羊和一群羊就这样叫着，叫着，声嘶力竭，撕心裂肺……

我把油灯用报纸包好带回城里的家，用肥皂水清洗几遍，用湿布擦拭干净，把它摆在家里最醒目的位置。

本来宽敞明亮的家好像更加宽敞明亮起来。

小小的油灯，浸满着我儿时的情感和记忆；小小的油灯，充满着我对爷奶的怀念和对故乡的眷恋。

每个人心中都有一座小小岛屿，住着一个永远不想长大的自己。

转眼间，爷奶离开我近二十年了，我也从一个牙牙学语的小屁孩变成了一个知天命的中年男人。什么都好像吃过，什么也都好像见过；什么都可以放下，什么又都好像放不下；出发的时候豪情万丈，回来的时候却行囊空空……

没有事的时候，我就是这样看着油灯，无言地和它对视着。我仿佛看到就是在这样的灯光下，爷爷在吧嗒吧嗒地抽着旱烟，奶奶在一针一线地缝补着衣服，我趴在小桌旁，在一笔一画地写着作业，屋外小虫不停地叫，小鸟不停地唱……

那些普普通通的日子，那些愉快的时光，似真似幻，翩若惊鸿。老屋，老院，老树，老灶……当我静下心来追忆它时，它就像动人的风笛声飘散在山谷一样，听到的只是弥漫着苍凉悠长的风声……

爷奶都没有多少文化，没有豪言壮语，没有循循善诱，但勤劳，内敛，正直，善良，这些普通但优秀的品质，如同一抹微弱但不模糊的灯光，如同一盏永不熄灭的心灯，给我温暖，给我力量，照我前行，照我成长，照亮我的良心之路，知足感恩，温情荡漾；照亮我的人生之路，熠熠生辉，光明坦荡！

今夜，我又一次坐在油灯旁，目不转睛地看着它，我忽然想到了那群羊，那只小羊羔。我忘记了那只小羊羔后来怎么样了，我甚至不记得我生命中有这么一个陪我长大的小伙伴。但我会记得那个下午，我记得那个灰暗的天空下，那群远去的羊群，那个孤独无助的小羊羔，声声不舍，生离死别……我忽然感觉我其实就是那只小羊羔，而爷奶就是那远去的羊群，在爷爷奶奶离开我之后，在我心里就是这么一声声凄厉地叫着，他们就是这么一声声难舍地应着，我们尽管彼此挂牵，但却永生再也不能见面，除了梦中，再也不会见面……

人生如梦，时光如电，生与死，天与地，一念之差，一时之隔，触手可及，咫尺天涯！

我忽然泣不成声，泪如雨下……

作者简介：山东海阳人，1990年入伍，2004年转业。喜欢书籍，喜欢文字。近几年在《海阳作家》《林麓文学》等刊物发表小说、散文多篇。

眉锁江山恨

齐　望

1958年，何晨四十五岁，这是他在烟台新民小学任语文教师的第二十一个年头。

某日清晨，"咚——"的一声，他家门外那个爬满铁锈的信箱突然被塞了一封沉甸甸的信件——一份抗日英烈名单，邓一夫的名字赫然在列。

规规矩矩的三个印刷字像一把锉刀，一点一点戳弄着何晨的心口。平反虽迟但到，何晨感到有些许安慰，甚至觉得：一张纸太轻短，太单薄了，担不起邓一夫的一生。

一

1937年7月，烟台福山"民先"组织广泛开展抗日救亡运动。同年下旬，中共胶东临时敌工部与福山"民先"取得联系。

在迎接仪式上，烟台新民小学教师何晨遇见了临时敌工部下派一众人中的邓一夫。

邓一夫留日回国，精通日语，中共党员。何晨被隔在人群后面，远远看一眼，觉得邓一夫真像此时的领导者。

是的，此时的烟台需要一个领导者，"民先"组织需要一个领导者，就连他都需要来一个人告诉他"什么是中国的出路"。

后半个月，邓一夫奔波在教师训练班，宣传抗日思想；组织业余救亡歌咏团，到农村四处宣传共产党的救亡主张。

战乱年代，何晨一面上课一面留心着防空警报。周五的最后一堂课，半大点的学生根本坐不住，一个劲儿想往门外溜，何晨不为难他们，一挥手，大方地给学生放了假。

学生欢呼着"何老师万岁！"，冲出简陋的教室门——其实这也不算一个教室，最多就是一个破败的郊外城隍庙，防止门框坍塌，用一根圆木撑起摇摇欲坠的门框。

何晨独自收拾教案课本，一回头就看见邓一夫倚在门口，他说："何老师有时间来指导一下教师训练班的课程好吗？"

何晨应下了。

二

7月末，邓一夫提出要创刊宣传救国思想。初衷虽很好，但报刊宣传是长期工作，再加上战乱年间生死难料，朝不虑夕，谁还能去仔细斟酌句段文章呢？

创刊的想法尽管没有落实，但不妨碍何晨的想法：邓一夫不愧是留日回国来的。

何晨曾问过邓一夫为什么坚持创刊，邓一夫说："战争中的民族难得产生危难共鸣，甚至是战争前的记忆若不及时整理，就会睡去了，就会丢失了……"

邓一夫还说自己要去延安学习创刊经验！

何晨问去延安能学到什么，邓一夫说能带回一个党最先进的思想，一个长期植根于革命斗争，又从革命苦难中生长出来的党的思想。

何晨问：那到底是什么样的思想呢？

邓一夫想了想，反问道：如果你站在一座高楼上，有人和你说，跳下去就可以拯救国人，你跳不跳？

何晨说我不知道。

邓一夫说：我们会义无反顾地跳下去，然后去唤醒更多麻木的人。

何晨开玩笑地说，那你不怕死喽，是不是？

邓一夫说：我如果怕死，那我也不必从日本提前结束学业回国，我如果没有舍身以赴的气魄，我也不必蹚这一趟的浑水。

何晨看着年岁相仿的他，觉得他说得对极了，这就应该是邓一夫！

三

8月，烟台党组织派党员赴延安学习，邓一夫第一个报名了。

何晨也想去，他也想去看看那个孕育了这个艰苦民族未来希望的地方。但是校长和主任告诉他，必须要抓好教师训练班的课程。

邓一夫离开的前一天夜里，何晨听他提及日本留学的时光——那是一段与新世界断绝交往的日月，在维持民族基本自尊心的同时也感受到了不友善的孤冷，孤冷得可怜。

邓一夫说，那是一个农历的初三或者初四，天气阴冷，他心胸增生万千哀感，他在日本学的是先进理论，却是以两年的伤感为代价，他和世人的屏障愈筑愈高，到了互不理解的地步。

那为什么不肯离去？为什么中国就没有先进的救国理论？

返回学校，第二天他就办理退学申请，踏上了归国的轮渡。

"我看着远去的日本岛屿，我发誓，后来到日本留学的后辈，必会受到应有的尊重！这一定是日本国人由衷地对中国国民的尊重！

"我再也看不得中国青年在国外躲闪的目光了！"

邓一夫离开时是凌晨，西落的银月和东升的红日平分天际，何晨看他上了车，就闭上眼想象着延安的夹杂了黄沙泥土的风，每一缕风都在诉说一个民族的未来。

邓一夫离开后不久，在北平读书的"民先"队员苏晓风回到新民小学任教，他联系本校先进教师创办《潮水日报》，宣传救国思想，何晨参与其中。

四

邓一夫从延安回来时，给何晨带回一本《抗日救国宣言》，何晨爱不释手，邓一夫笑他：这已经发行半年了，你怎么会没有听说过呢？

何晨指着第六条，跟邓一夫说，发展教育，救济失学，看重教育这条路就很好！

邓一夫说，对啊，我们就是要走适合中国的路，就算摸黑也要一直走到黎明去。雨后的泥土路，骑着自行车的村民歪歪扭扭路过后，留下一道清晰的轮胎痕迹，邓一夫指着泥泞路上的车辙印，高兴地告诉何晨："这道车辙就像我们的国家，一步一痕迹，我们就是一直在路上！"

8月中旬，山东省省委利用过去的农民协会成立了农民武装。邓一夫似乎变忙了，没黑没白地奔波在各个省区。

何晨继续在新民小学教书育人，自从上次两人一起看过了《抗日救国宣言》，他已经半个月没有和邓一夫坐下来交流思想了。有时，邓一夫行色匆匆路过城隍庙教书点，会习惯性地向里面瞥一眼，然后微微一笑，学生看见就笑嘻嘻地回应他，何晨看见了也会朝学生挥挥手中的戒尺。

两人奋斗在各自的救国岗位上。

直到9月，邓一夫调离烟台，中旬便传来邓一夫叛党的消息。

邓一夫精通日语，借一技之长，投靠了日本，竟为日本人做翻译，这不是通敌吗？

何晨第一次听到后不是懊悔、憎恨，而是由心而生的恐惧和无力。

邓一夫不会叛国。

那个说自己敢于义无反顾地站在高楼上、救人民于水火的人，怎么会通敌？那个说自己能舍身赴死的人，为什么要去叛国？那是告诉自己"车辙路痕迹"的人啊……

他害怕邓一夫是彻底想要将自己的一副汉魂、半缕唐魄交付给这个无穷无尽的故土了。

同校有老师想到何晨曾与邓一夫有过交集，悄悄来挖墙脚。

何晨一概无视，他直着腰板站在讲台上，手中拿着戒尺，自然地翻开手中教材："日本侵略者，民国纪元前十七年，夺取我国台湾，后来又吞并朝鲜……"

那老师在门外撂下一句话："你和他走那么近，怎么一点也感受不到他那种叛国通敌的心思！"

何晨不理，继续高声朗读："全国同胞，为自身计，更为将来子孙计！"

那老师没有得到回应，愤怒离去。何晨又告诉自己：邓一夫不会叛国！

凭什么？他也不晓得。大约就是邓一夫曾给自己的革命启蒙吧，大约就是邓一夫曾说过的一句：今生许国，来世亦然！

1937年12月15日，中共胶东特委在天福山举行武装起义，参加起义的有游击队全体成员及农民、学生、知识分子等共八十人，何晨也在其中。

五

反反复复的议论声在何晨耳边层出不穷，所有人都在怀疑你的立场和战营，只有我在担心你能不能承受住外界的压力，何晨想。

一次开会，何晨忍无可忍，他将手中的笔记本撂在会议桌上："邓一夫同志生死未明，倘若是一朝委身执行绝密任务，就算是为了我们的国家、我们的党，他不得不忍辱负重！在座诸位未知全局，不可妄加非议！"

他离开了会议室，再回来时，手中拿着那本《抗日救国宣言》。

"说邓一夫叛国，我是不信的！"

何晨再不愿和别人提起邓一夫的事。

1958年，抗日英烈名单公布在烟台，邓一夫赫然在列。四十五岁的何晨拨通党委电话，了解邓一夫的牺牲缘故。

"邓一夫同志精通日语，替我党深入日军内部，获取了众多有价值的情报，为我党精确快速发动反击、打击日本侵略者起到了重大作用。邓一夫同志牺牲于1939年，详细时间不明，是被秘密杀害。"

何晨沉默了，电话那边继续说："邓一夫同志潜伏期间，利用日军翻译一职，暗中保护、救助大量人民群众……"

再往后，何晨听不进去了。他仿佛看见，邓一夫牺牲的秘密角落绽放了一朵巨大的血花，硝烟散尽后，那朵花更红了。

他还是没有和别人谈起这件事，他一提起，就会想到某个人来，那人是一束光，不是黄昏的夕阳，是黎明的曙光。

作者简介：鲁东大学文学院学生，喜欢郁达夫的作品中的景色和心理描写。

海峡两岸是一家

朱玉成

我的父亲朱治洛，号景阳，生于1917年11月16日，在家乡度过了苦难的童年。他少年时读了"四书"后就踏上社会，在父母的教导和社会潮流的引导下，怀着美好的希望和憧憬，来到烟台街上的瑞蚨祥当学徒工。每天早上天一亮，就得起床，开门打扫卫生，匆匆吃早饭，七点要准时营业，到掌灯时分，才能打烊吃晚饭。一天要工作十三四个小时，工作时不能坐着休息，不准与同事交谈拉家常。下班以后，不能随便外出，如果有重要的事情要外出必须向主管请假，不准在外过夜等，如果有违反规章制度，将会被当天除名。尤其是当学徒的，店里的哪一位都有权指使你干活，一个十四五岁的孩子，也有过不想干了或跳槽的念头，但也只是想想而已。当初我爷爷托人托脸地找了两个保人做辅保，才能来到这个店工作的。在当时那个年代，想进一个单位工作，必须得有两位有社会地位的人做辅保，才能进入某单位，如果你推荐的人有偷盗等不良行为，保人要负一切责任，所以那个年代如果关系不是很铁，如果不了解这个家庭和被保荐的孩子的情况，谁也不愿意做保人，以免日后惹上一身麻烦。想到这些，大部分学徒工都选择了忍耐。

一晃三年过去了，我父亲也出徒了，在店里也是能独当一面的行家里手了。由于少年时代学习用功，文化底蕴深厚扎实，小楷毛笔字写得非常漂亮，精通古文言文，算盘打得既快又准，还会一种心算法，二十组数据以内，你一边读，他一边听着，你读完了，他能马上告诉你合计是多少数。老板们平常也注意店员的一举一动，谁有多大本领，擅长干什么，他们都一清二楚，所以不久我父亲就调到账房工作了（现在叫财务科），这也是每个单位的要害部门。几年下来，他经手的账目准确无误，得到了老板的认可和赏识，不久被推荐到大连天津街的绸缎庄任三掌柜兼财务科长。我父亲在天津街期间，认识了很多行业同仁和社会名流。我们家也随之迁往大连天津街居住。那个年代是日本人统治大连，日本人对粮、油、棉等物资的管控十分严格，不准中国人吃大米、白面、花生油，居民日常只有高粱面、橡子面、猪油等，副食品也更为贫乏，居民生活苦不堪言。我父亲曾经对我讲述那段偷吃大米的往事。有一天我父亲搞到一点大米，让我母亲中午做点米饭吃，改善一下生活。他千叮咛万嘱咐地告诉我母亲做米饭时一定要关紧门窗，不要让周围的人闻到米饭的香味，如果没被人发现就不要动窗，如果被日本人发现就把窗户全部打开，给他提前示警，以防被日本人抓住到宪兵队过堂，麻烦就大了。好在那天没有出事，这也是我们家在大连吃的唯一的一次米饭。想想过去，亡国奴的生活多么艰苦，所以我们要不忘国耻，珍爱和平，更要珍惜我们现在的幸福生活。

1945年夏天，我父亲决定不在大连过这种苦难的生活了，到

216

山东青岛谋生求发展，我家也暂时搬回家乡烟台郊区了。我父亲到青岛后，看好了青岛中山路北首的堂邑路四号。该建筑坐北朝南，南有中山路，东面是市场三路，西有大窑沟，这是青岛的繁华商业区，人口密集，客流量大，是经商的最佳选择。恰巧这位房主是个日本商人，他早已看出日本人的败局已定，再在这里待下去是没有好果子吃的，他正打算早日处理了在青岛的财产和不动产，早日安全地回日本。在卖房的谈判中，不免露出急于出手的神态，那个年代我父亲已经是一个成熟的商人，谈价、砍价、何时成交都把握得恰到好处，这也是商人们的基本功，六百多平方米，上下两层的门头房，从三千元一直砍到三百元，在无二主的情况下，日本商人最后不得不忍痛割爱将门头房三百元卖给了我父亲。从此我父亲在青岛有了属于自己的店铺，在青岛站稳了脚跟。

经过两年多的努力打拼，我父亲的店铺由小到大，由弱变强，生意做得蒸蒸日上，在工作之余也时刻牵挂着家乡的亲人，1947年深秋写信给我三叔朱景山让他带我母亲和哥哥一块迁往青岛居住。我三叔收到来信喜出望外，在家乡打点行装，租了一辆马车，于1947年12月4日启程赶往青岛。不巧这一天是莱阳战役的第一天，许世友将军正带领胶东的子弟兵攻打莱阳国民党的驻军，战斗打得十分激烈，烟青公路莱阳段穿城而过，公路正好地处战场，过往车辆根本无法通过，我三叔看看实在无法通过，只好向后走，打道回府，在家过完春节，正月又租车去青岛，经过两天的艰苦旅程，终于在第二天华灯初上的时候到达青岛。我父亲在春和楼饭店招待三叔一家人，这也是三叔第一次在青岛的著名饭店吃饭，心里十分高兴。在这里吃到了有生以来从没吃过的饭菜，心想还是大城市好啊，以后有机会一定在这个城市扎根。

三叔到了青岛以后，就天天到我父亲的店铺忙着打理业务，从中也学到一些经商之道、为人处世之道，为日后进入商界打下坚实的基础。在那个年代，为了节约开支，每个商家都会自己支灶开火做饭，从不准下饭馆买成品饭菜吃，专门有个小伙计买菜做饭，比农村庄户人家的饭菜好多啦。一般是中午四菜，米饭、面食管饱，这样的生活对我三叔有着很大的吸引力，每天的工作比在家干农活轻快多了。有一天我三叔终于忍不住了，跟我父亲说：大哥，以后我就跟着你干吧，咱兄弟之间正好互相有个照应，我也不用给人打工受罪了，这样多好啊。我父亲听着笑了，很理解三叔天真幼稚的想法。父亲认真对三叔说：不行啊，兄弟，一个成功的人士必须从学徒开始，经过吃苦受累，这是人生的必修课，如果你没有这些经历，永远当不好老板和经理，世界上的任何事情都要从头开始，如果在这里工作，在我的羽翼保护下，永远难成大器，人生便没有成功。我三叔听了这番话似懂非懂地点点头。从那以后，我父亲就抓紧时间托人帮我三叔找工作。当时我父亲在上海有两个可靠的关系，一位是我父亲的叔伯兄弟朱治溥，一位是表弟于本智，都收到我父亲的求助信，就是帮我三叔在上海找个工作的事。因这两位在家乡都是同龄人，不是亲兄弟，胜似亲兄弟，谁也不肯怠慢，他们都积极地想方设法地托人托脸帮忙找单位，不久上海先后来信了，找到了合适的接收单位。我父亲非常高兴，急忙为三叔打点行装，购买了一些日常生活必需品，反复地叮咛外出注意事项，在旅途千万不要与陌生人透露家庭信息与个人隐私等事项，在单位工作要努力勤快，晚上睡觉之前要亲自检查门窗等问题，千万不要染上吃喝嫖赌抽等不良习惯，远离父母家人的日子，一定要洁身自好，学好自律，发了工资第一时间向家里寄钱等事项。我父亲真是不厌其烦，诲人不倦。几十年以后，事实证明三叔都听进去了，并且一生践行上述原则，不忘家乡，洁身自律，出淤泥而不染，处处严格要求自己。

1948年夏天，我三叔在我父亲的陪同下，来到青岛小港码头，登上了去往上海的轮船。谁知道兄弟俩一别就是三十八年。1986年，在我三叔的努力下，兄弟俩在香港得以相见。

原来1948年我三叔朱景山，在他的表哥于本智推荐和作保的情况下，在上海一家大型绸布店当上了一名员工，此店的股东是张姓的兄弟二人，正巧当年兄弟二人要分家，一位要去台湾发展，一位在上海继续干。当时我三叔就接受了一个重要任务，为大老板从上海押运物资到台湾，我三叔到台湾以后，命运与他开了一个大玩笑，从此以后他再也难以见到家乡的亲人了。1948年三叔朱景山刚好二十周岁，他常思念家乡与亲人，于是写了一封长的家信，细说一番从上海到台湾的经过，还有他对家乡的日思夜想。我父亲收到信后，非常高兴，庆幸他在那个兵荒马乱的年代，能安全地到达台湾，人能活着实属不易。我父亲马上回信，又是一大堆人在外的注意事项，千万不要沾染一些不良嗜好，一定要洁身自好、自律等，最后告诉他如果以后一旦通信中断，可以通过香港的安向圃先生代转信件，地址与门牌号码都写得非常详细，这给日后兄弟取得联系打下了良好的基础。

二十世纪六十年代初，三年自然灾害，我父亲就想到远在台湾的三弟是否能帮帮忙，经过反复考虑，写了一封看似家书，实际是一封求助的信。

一个星期以后，我三叔见到家信，一看家中缺粮，他非常着急，马上打电话给安向圃求他帮助，让他在香港购买十袋好面，快速用飞机发往山东青岛以解燃眉之急，其间发生的一切费用由他负责，后来我才知道其运费远远高于面粉的价值。由此可见海峡两岸是一家，时刻挂念着家乡与亲人的冷暖安危。

二十世纪五十年代以后，我们国家出台了很多优惠政策，鼓励华人华侨给国内的父母、子女等亲人寄钱，长年有外汇收入的，有中国人民银行印发的购物证一本，可到华侨商店购买紧俏商品，还有粮油等限量供应商品。再后来，烟台中国人民银行根据外汇的多少，发放侨汇券。当时的侨汇券能起大作用，那个年代结婚用的自行车、手表、座钟、布匹、名烟、名酒等紧俏商品都得用侨汇券来购买。抚今追昔，令人感慨万千，现在说这些都像讲故事，现在想买什么都有，就不存在什么紧俏物资，限购商品，商家还天天促销，真希望你能多买商品，多消费。

1988年9月三叔才回到想念已久的家乡，见到分别多年的亲人。我三叔来到家门口的时候，驻足仔细观望一番，突然问我，玉成，我怎么觉得这些台阶变得矮小了。我笑着回道，那是因为你在家的时候还是少年，现在已是老年人了，在外面见的高楼大厦多啦，可能时间久了，出现视觉差吧。他哈哈大笑，连连称赞你说得对，真对。他又问我，这台阶边上的石坡（类似于滑梯的石坡）依然这样光滑。我认真地回答这可是用几百匹布给磨出来的，怎么能不光滑呢？他为之一惊，此话怎讲？我说，我们家在此居住已有五代人啦，加起来有一百多人，哪个人没在这块石坡溜几百次，全村又有几百上千人，哪个小孩都溜过几十次，上百次有的是了，磨破裤子、露着腚回家的，我就见过多次。哈哈，你说的真对，我小时候也在此滑过石坡，让你奶奶拿棍子打得直跑。在此回忆起美好的童年，我三叔感叹地说，人生最美好的时光，就是无忧无虑的童年时代，让人久久不能忘却。

我们回到家中，我三叔成为主讲，滔滔不绝地用一口流利的家乡话讲着他四十多年来的经历，几十年过去了，乡音未改鬓毛衰，我也非常愿意听他讲家乡话。拉完家事以后，我三叔对我说，你看我们明天安排什么活动？我说，我们可以去山上爷爷奶奶的茔地祭祀一番。他高兴地说正合我的心思，就这么定了。

第二天一早，我们带着纸、香等物品，来到我奶奶的坟前，我三叔痛哭一场。祭祀完以后，他语重心长地对我说，老侄啊，我现在回家乡一次也不容易，我希望你每年按照家乡的习俗，逢年过节的时候，都来看看你的奶奶，我的母亲，这也是我在外牵肠挂肚的心事。这一番发自肺腑之言，令我更加敬佩他，从少年离开家乡，四十多年在台湾，年过六旬了，还是念念不忘自己的家乡。念念不忘父母的养育之恩，无论走到哪里，永远有一颗赤子报国的中国心。

两年以后的夏天，我三叔又回来探亲了，可惜我在四川出差没见到。回来听我妻子说，三叔到家以后，见到她忙问，玉成老侄哪里去了？她说到四川出差了，三叔说这次我走得匆忙，我也没给你带点礼物，便打开书包，拿出一沓钱，递给我爱人。这时我妻子双手一推，婉言谢绝。当时我三叔一愣，自己从来没见过这个场面。我爱人说："三叔，我和玉成都有工作，都有收入，生活过得也很好，不需要你的钱，再说了，你们在外面也很不容易，需要花钱的地方又很多，还是自己留着用吧，我代表玉成谢谢你的好意。"从此我三叔对我更是刮目相看，还多次在公开场合，赞扬我们夫妻两人的自立精神。

还有一次，台北市有关部门组织的赴祖国大陆的观光旅游团，我三叔朱景山也参加了，他们旅游的城市恰好有烟台。三叔非常高兴可以借此机会回家看看，这天上午他们的旅游团到了烟台。我三叔和导游讲，我的家乡是烟台的郊区，我想回家看看，中午在家里吃饭，下午准时返回驻地。导游说可以，但是一定要准时回来，千万不要太晚，以免误了行程。三叔说好。于是就乘出租车回家了，一见到我非常高兴，开门见山地告诉我他是跟旅游团来的，就能在家吃中午饭。问我怎么安排的。我说家宴，我会找两位你认识的人一起吃午饭。他当时一愣，百思不解地问我，他们两位是何许人？我说现在咱村就剩下两位叔伯哥，他们都平淡地活着，平常日子我请不动他们，今天你来了，我亲自去请他们，他们一定会来的。我三叔一听十分高兴，他们少年时代常在一起玩耍，又是兄弟加同窗，彼此有着深厚的友谊，今天能聚到一起叙叙旧，真是不虚此行。一会儿的工夫，我把两位长辈请来家里，他们兄弟见了面，个个热泪盈眶，互致问候，回忆少年时的场景，他们都激动不已，我只备了四菜一汤，大家都很尽兴。他们三个是主讲，就我一个听众。但是他们都踊跃发言，不知不觉太阳已近西山了，我三叔要回烟台的宾馆了，兄弟三人依依不舍地挥泪告别了，少年的伙伴加兄弟，一别就是四十年，人生又有几个四十年啊，正是"历经劫难兄弟在，难得今朝喜相逢"，这也是他们兄弟有生之年最后一次相见，最后我三叔高兴地握着我的手说："知我者，老侄也。今天的午饭太有意义了。"

从那以后，我的三叔又回家乡六次。每一次回来见到我，都对我讲，人老了都会非常想念家乡，咱们山东人，尤其是烟台人在世界各地的口碑与人缘都很好，人无论做什么工作都要讲信用，在社会上才有立足之地，这是最起码的为人之道。在台湾的商界我三叔曾担任过台北市商会常务理事，在商界也是成功人士。

现在我叔家的一个弟弟、三个妹妹都在美国工作，大妹朱碧云是中国著名画家张大千的第二代嫡传弟子，美国的著名画家。他们都来过家乡，在美国自豪地称自己是烟台人，我也是他们家乡唯一的大哥，他们都很喜欢听我讲烟台的故事及风土人情，尤其是愿听我们的家史、村史与烟台发展史，他们都希望祖国早日发展成世界强国，为世界人民作出更大的贡献。

作者简介：烟台市毓璜顶历史文化研究会副会长。

西炮台记

牟文青

我在西炮台山上，从天黑待到天亮

从深夜微光看到万道霞光，从紫气蒸腾看到灯火辉煌

这座古炮台守望了一个多世纪，从危若累卵望到正旗扬帆

从硝烟弥漫望到红旗招展，望到云开月明，锦绣山川

一山之隔。

东边，电梯洋房大阳台。西头，时光余韵老社区。

一边是格调，人们像出入小区的高级车辆一样，安静、优雅，品一杯微带酸味的咖啡。

一边是地气，象棋麻将打保皇，遵循着观棋不语和掷牌有声的传统，泡一茶缸冒着香气的茉莉花茶。

顺从时光，固执而坚定。

一山之隔。

东边可见的日夜繁华，极目更远，能看见这座城市的野心、智慧、创意、未来，鼓足了发展的动力。

西头秩序井然，静心聆听，能听见这座城市的底气，制造、

发展、基础，蓄满了建设的活力。

相濡以沫，坚决又温柔。

鉴古望今，以探求发展的规律，怀着这样的心情，在夏天的风中，日铺之时，我踏着山道走上了西炮台，它为行人的好奇心准备了百余年，有亘古的太阳和一半的天光，也有时间的智者，抱树的鸣蝉和摇曳的树梢。

踩着拼合的青石板沿阶向上，沿途是透过细碎的树荫投下来的斑驳影子，它们落在人的脸上、手上，在晴朗的日子里，像星光洒在身上、落在地上，就有故事要讲，就变成了时光。这段路，百多年前修起，在天朝上国梦的末端，将醒未醒之时，嬉笑着、鞭挞着、怒骂着，承载过沉重的脚步，也溅起过屈辱的泪珠，在失望中绝望，又在绝望中觅得一丝希望。到如今，如同它身上的斑驳一样，沉着而强大，平静又慈祥，在中国梦勃发之时，抖擞着、昂扬着、热烈着，让它的孩子们踩过肩膀，有寂静空籁，也有笑声回荡，在平静中守望，继而在守望中寄予更大的期望。

从地下指挥所到俯瞰芝罘的炮台，时光不败，自有一种发人深省的力量。很少有人目睹地下指挥所的真容，我是在不久前，考察一个人防项目时有幸一睹它的风采。前院碧木遮天，黑锈的铁门沁着一股寒意，老旧而坚固的三环大锁入手冰凉，像是在宣告着使命的庄严。铁门洞开，吱嘎作响，像锈蚀的铁锯划过被风雨浸透的木头，地下的冷风喷涌而出，带着海城的潮湿，惊起了不计其数的壁虎，从石缝里、门缝中倾巢而出，窸窸窣窣，又消失在门缝里、石缝中，一阵寒意从脖颈处开始蔓延，复又消散，不知去处。自上而下，辗转曲折，深入山腹内部，墙壁上沁出的水珠透着一股历史的悠远，细碎剥离的红色奋进标语，在黄色的安全灯下，汹涌地标记着那些一去不回的时光。地下方位极难辨认，走在长无尽头的阶梯通道上，时间也丢弃了，偶尔一阵恍惚，熙熙攘攘，兵马如林，阶梯也颠倒，分不清是向上还是向下。

曾经的地下指挥所，如今是一所人防工程，它有着历史的磅礴古意，也有着今时昂扬向上的意志。如果一个世纪前的宏大建设，是一个末代王朝的不甘挣扎，那么今天的它，就是人民意志的再一次伟大。如今的它，为和平备战攒足了底气，战时可保四通八达，平时可做物品贮存，是平战结合的典范。在某一尾洞的出口，留下了曾经贮存经营的些许记忆，或许是一个葡萄酒窖，同源北纬37度的微醺，舌尖卷开一点微涩，山海之城就弥开了一整片葡萄园的香甜；又或者是一个特色酒馆，干净的白色棉布细细擦过透明的高脚玻璃杯，迎着五彩斑斓的吊灯一望，就投下了一片时光交错的灿烂，历史不会言语，但觥筹之间，那些披荆斩棘、开山铺路的过往，那些自强不息、繁荣昌盛的心愿，也会伴着夏天的一阵风，刮过一声满足的长叹。

从指挥所出来，夏风扑面，它自海上来，穿过山间密林，带着树木的清香，让人精神一振，也在一瞬间驱散了身上的湿冷寒凉。如果地下工程是对历史的感悟、对使命的领悟，那么阳光照耀的山间，就是对生活的领悟和对生命的顿悟。譬如树荫斑驳的青石板，日逐走影，地上的每一道坎坷也因为这一段的时光而夺目；譬如青草绿树，春风绕身不喜，夏蝉抱鸣不烦，秋蛉寂寥不悲，冬雪交盖不叹，只是茁壮地伫立天地间，干长根深，坦坦荡荡，生生不息；譬如日月，交替轮转，感恩阳光照耀大地，也惊喜清晖洒遍人间；譬如风雨，任摧枯拉朽，惊醒大梦一场，也有温柔絮语，滋润万物生长；譬如此间的少年，来而复走，快活天然，或许将来某日某处，一座山也会丛林自生，万物丛中生长，惊艳了人间。

依着山势盘旋而上的，是蜿蜒的古城墙，相传是用大黄米汤汁调和三合土，人力夯成。一说米汤，民以食为天。二说三合土，取地为材。再想到人力夯制，竟也暗合三才之理，这亘古不变的天、一脉相承的地，历经一个多世纪的流转，终于待到这和平伟大的人间。夕阳晚照，给这古城墙打上了一层浓郁而坚韧的底色，百余年以来，经受着岁月不可避免的侵袭和不被人间理解的肆意雕琢。像是一条龙，曾经光鲜着纵云行雨，俯瞰罘山，如今风轻云淡，盘龙成山，看着天上云卷云舒，与时间相依为伴，让每一次不可避免的想念，成就了耐人寻味的念想。

伴着霞云登顶，时间看似漫长，但也不过百多米高，远远望去，红色的晚霞像是燃烧的大火，烧穿了天际，远远地仿佛海水也引燃了，放肆着一座现代化海港城市的热情。百年西炮台，一座芝罘城，它修建时，在意的是射程能不能覆盖烟台港区，时光如驹，现在它只是温柔地把城市的美揽入怀抱。这世上总是一山更比一山高，今天的烟台，越来越多的高楼耸立，灯火辉煌着，也安宁地环绕着这座老炮台，不作声响中，继承着也传承着令人心安的力量。

夜色中顺着炮管的方向向前望，这个世界会失去焦距变成一片绚烂的景象，待到夜深一点的时候，星月浩瀚，像倒悬的沧海，璀璨得不可思议。夜幕中升起来一片似有似无的薄雾，月笼轻纱，夹着海风的一丝潮气，古防炮安静伫立，像是万吨巨轮船首的雕塑，也是劈开星海的刀锋。岁月如水，如夜色摩挲，沉默是金，如这炮身幽幽的铁色。陪着它慢慢坐下，待到人声敛去，能听见山间的虫鸣声声，土壤翻动，植被在努力地生长。时光静默，夜长如水，簌簌的夜风在天上行走，邈邈的星河与人间竞相繁华。

白天的暑气退去，黝黑的炮身入手一片绵绵的凉，这一樽老炮，伫立风雨中，吸饱了时间的惆怅，即使在月华最盛大的时候，也只能反射出一丝蒙蒙的金属光亮，你去看它，不一样的人，就能看见不一样的风光。

倘若在军人眼中，这是一面保家卫国的大旗，存续至今，傲骨凛凛；

倘若在城市建设者眼中，这是定盘的北斗星，平衡着生活与发展之间的默契；

倘若在学生眼中，这是一段抛物线，人生还有无数道题要解，这是一段开始；

倘若在父母眼中，这是一个好去处，丢掉手机电脑的孩子们，收获了一样的笑声和不一样的快乐；

在年轻人眼中，这是奋斗的希望，激励着未来和成长；

在年长者眼中，这是历经波澜后的宁静生活，沉淀着生活的富足；

外来者看它，是从盎然古意到现代都市的一眼繁华；

本地人看它，是港城坚强乐观又开放包容的胸怀；

这座城市看着它，从探索出路到"一带一路"，走出了一条复兴之路，更希冀打造成为更优秀的对外开放新高地；

它自己说，日子还长，时间还多，未来的路好好走，故事我们慢慢说。

日出东方，漫天霞光，这一趟西炮台之行，看了伴山的风景，听了盛夏的蝉鸣，也经历了时光的记忆，历史的奔流，到与古炮相伴，对月而谈，却总觉得有句话说不清道不明，或许是古城墙的嘱托，又或者是对未来的某种憧憬，从过去到现在，等着人在不经意间感悟。一点遗憾，伴着广场舞的鼓点和早晨小市场的喧闹被抛却身后，虽然是在清早时分，太阳已经灼热起来，活动活动腰腿，我心带满足地与西炮台告别、下山。

路过山下早市，想起一夜未曾进食，看见有卖伏苹果的，双颊一酸，津液便生，上前问价。

青色的果子，摆摊晾在树荫下头。细细啃去被风吹得微热的外皮，一口下去，齿间一片清凉，从牙尖到舌根，淡淡的酸涩激得人脖子一梗，而后细细的甜就温柔地弥散开来。

作者简介：致公党山东省委优秀党员，山东捷瑞数字科技股份有限公司总裁，现任山东工商学院客座教授，山东工商学院应用统计硕士专业学位校外兼职硕士研究生导师，山东省中小企业公共服务示范平台负责人。先后被评为烟台市女职工建功立业标兵、巾帼电商带头人。

烟台的温度

王彦春

清明节这天，我去胶东英灵山烈士陵园给爷爷扫墓。

此刻，虽然大气中还带着一丝寒意，但是，从路上眺望胶东大地，霞光里的村庄已是一派花红柳绿、莺歌燕舞的气象了。

到爷爷坟前摆好了鲜花，浇完了老酒，我正准备回家，直起身来抬头远望时，一个熟悉的身影出现在我的前方。啊！竟然是多年不见的老友郑强。此刻，与郑强结识的过往依次在我的脑海里闪现。那是二十年以前的事了。那年也是清明节，我也是去英灵山为抗战而牺牲的爷爷扫墓，还没有到爷爷坟前，远远地看到，在那巍巍的白塔下，去年在美国旅游时结识的郑强老板正在为先烈们献着鲜花。熟人相见，出现在我脑海的不只是惊喜，还有一团疑云。去年在美国旅游时，我有幸遇到了在旧金山做生意的华侨老板郑强，自然格外亲切，从相互倾诉中，我得知郑老板的父亲曾是一名国民党士兵，抗战时参加了远征军牺牲在缅甸，其尸骨埋在了国民党腾冲烈士陵园，后来他和母亲随国民党去了台湾，因不满国民党对祖国大陆的分裂态度，又对祖国大陆不甚了解，才随一位老兵去了美国，加入了美国国籍。此刻我便想：

他的父亲是国民党部队牺牲的烈士，他应该去腾冲扫墓呀，他怎么跑到英灵山来给共产党烈士扫起墓来了？带着这个疑问，我便走过去与郑强再次相见了。几句话后，当我问起郑强为什么来给共产党烈士扫墓时，郑强眼含热泪，从怀里掏出一块血迹斑斑、上边书着"国家利益高于一切"的白绸让我看，并向我讲了这块白绸的来历。

　　一九四一年，胶东活跃着一支近百人的共产党抗日游击队，因为这支部队常常神出鬼没，且又百战百胜，不但让日本人闻风丧胆，也让有"远见卓识"、骨子里时刻不忘反共的国民党军队时刻挂念。当时，胶东也有一支国民党王牌部队，郑强的父亲郑大猛便是这支部队里的一名营长。这支部队不但对日作战英勇，反共搞国共摩擦也是"急先锋"，曾多次与游击队交手。一天，国民党团长得知游击队住在小黄庄，便令手下得力干将郑大猛，率多出游击队三倍的兵力前去偷袭，企图一举歼灭这支飞虎队，为蒋家王朝日后独霸天下扫清障碍。郑大猛受命后连夜出发，殊不知螳螂捕蝉，黄雀在后，日军松本联队得知了这支国军部队的行踪后，便提前在磨盘山要塞设下埋伏，待国民党军进入伏击圈后，一阵炮击打得国军死伤惨重，经过两个多小时的激战，三百多人的国民党军只剩下十几个人，营长郑大猛也受了重伤。郑大猛和士兵都是一群铁骨铮铮的汉子，面对众多围上来的日本兵，将五颗手榴弹捆在一起，怒视着敌人。敌人越围越近，郑大猛拉开了手榴弹弦，正准备和战友们与敌人同归于尽，突然，一阵响亮的冲锋号响彻长空，绝境中的国民党士兵抬头望去，飞虎队和当地的民兵游击队，正以排山倒海之势向日军冲来。日军急忙丢下已经丧失了斗志的国民党士兵，迅速地将枪口调转向飞虎队，霎时，本来毫无斗志的国民党残兵，突然精神大振，迅速将冒着黑烟的手榴弹扔向了敌人，然后从后边向日军发起了冲锋。此役两军联手，打得松本联队颜面扫地，丢下二百多具尸体狼狈逃窜。战后，身负重伤的郑大猛跪在我军指挥员面前泪流满面，连连叩头谢罪。我飞虎队队长却说："我们救的不只是一支喜欢搞摩擦的国民党部队，更是一支抗日的有生力量，在任何外敌面前，国家利益高于一切。中国要强大，必须结成统一战线，共抗外敌。"

此役，我游击队牺牲了九位战士，郑大猛望着躺在地上战士的遗体，大声喊道："老弟兄们一路走好，逢年过节，我会去给你们上炷香的。"飞虎队开拔之后，郑大猛也被送到了国民党后方医院。在医院里，郑大猛反复思索着"国家利益高于一切"这句话的含义，出院后决心再不反共。一年之后，郑大猛参加了中国远征军，在密支那牺牲，临终，郑大猛撕下内衣，蘸着血写下了"国家利益高于一切"这句话，然后将这块白绸交给了身边的战友。国民党军逃到台湾后，郑大猛的战友在临终，又将这块带血的遗书交给其儿子郑强，并嘱咐郑强："……千万牢记你父亲的遗嘱，逢年过节去英灵山……"郑强把故事讲完后，又郑重地告诉我，他是为那次战斗中牺牲的飞虎队员扫墓的，这些人虽然生前与父亲的信仰不同，甚至曾是敌人，但是，他们和父亲一样，都是为民族利益而死，民族利益高于一切，为了民族利益，还有什么前嫌不能抛弃的。

那天回到市里后，我把遇到郑强的故事，和郑强在国外搞企业的情况，当成一件趣事跟一位搞统战工作的朋友讲了，不料却引起了老朋友的高度重视，讲话喜欢引经据典的朋友说："棒，有思想，自古兄弟阋墙，外人就会趁虚而入，兄弟和睦，家庭才能兴旺。郑强有这种认识很好，我想会一会他。"望着老朋友一本正经的样子，我笑着说："瞧你，把自己搞得像救世主似的。"老朋友更认真了，说："什么救世主，别忘了，我是搞统战工作的，统战工作对我们国家的振兴很重要，一个民族，什么时候统战工作搞好了，什么时候就会更加兴旺发达。"当时，我的那位老朋友，又引经据典地给我讲了许多统战工作的重要性，他说："……且不说汉代汉武帝联合浑邪王扫除了匈奴，三国时期孙刘联军大败曹孟德，单就近代，曾经的统战，让国共联合进行了北伐战争，推翻了各地军阀和北洋政府；曾经的统战，让国共、土匪、少数民族，联合起来共同抗击日寇保家卫国；曾经的统战，让许多华侨从海外归来，共建新中国……无数事实证明，任何一个时期统战工作搞好了，国家都会有一个质的飞跃，尤其是在今天，为了国家的强大，我们更应该搞好统战工作，无论对任何党派，过去曾经有过什么不愉快，都需要捐弃前嫌，劲儿往国家兴旺这一处使……"

很可惜，还没有来得及介绍郑强和那位老朋友认识，就在我们谈话的第二天，我被单位派到了驻外地的办事处。后来，经不起老朋友在电话里的多次"纠缠"，我便在电话里为他们牵了线。今天，在英灵山下再次遇到郑强，一阵叙旧之后，郑强向我介绍了许多我们分别后的事，末了，郑强深有感触地说："真没有想到，祖国人民有这么海纳百川的胸怀，从古到今，任何事都是窥一斑而知全豹，由此，让我们这些海外华侨、台湾同胞，更加佩服中国共产党和祖国人民了。"

原来，在我去外地工作后不久，我那位搞统战工作的朋友就与郑强联系上了，后来，通过我那位朋友和烟台人的共同努力，郑强决定把他在国外的企业迁回祖国。把企业迁回国的最首要一件事是企业选址，郑强一眼选中了张老吉和他几家邻居的那片果园，这让负责招商引资的同志犯了难。谁都知道，张老吉的父亲是在国民党进攻胶东那年，被国民党兵用铡刀铡成了两半，这事虽然与郑强的父亲没有半毛钱的关系，但长大后的张老吉，一提起国民党就恨得咬牙切齿。如今这位国民党的儿子回来，要在他果园上盖厂房，张老吉能答应吗。因为这份担心，郑强托合适的人一起与他去见张老吉。谁知见了张老吉，事情办得却异常顺利，张老吉说："烟台人办事喜欢一码归一码，就像早些年我们对待国民党，他们抗日，我们就帮他们，他们发动内战搞分裂，我们就操起家伙跟他们干，如今郑先生回来帮助家乡人搞建设，我们要是把老一辈人那些账，都算在这些不知情的下辈人身上，那叫不知好歹，叫小肚鸡肠，叫小家子气，我身为胶东人，绝不能给胶东人丢面子。"当下，张老吉拍板钉钉，答应了郑强的要求。

在烟台为办厂奔走的日子里，郑强处处被烟台人的通情达理、热情与心胸开阔感动着。厂址定下后，在修路上遇到了难题，雇来的民工，在放土炮时经验不足，将临近几处的民房，有的震落了墙皮，有的震碎了房瓦，郑强认为这些人家一定会因此狠敲竹杠，谁知，当面对面协商理赔时，大家却表现得异常大度，有的说："不就是碎了几片瓦吗？让俺老头子自己换上得了，还要什么钱？"有的说："都是老房子了，就是炮不震，墙皮也会自然脱落，俺不能用这点小事去熊人。"从这些父老乡亲身上散发出的浓厚的人情味，让郑强一次次感到了这块土地的温度，更加坚定了他扎根这块土地的信心："不为别的，单为了这块让人心情舒畅的土地，也要把根扎下来。"

产品生产出来了，第一时间被邻近几个县市的商家一购而空，在销售过程中，郑强见到，在这块土地上，商家们既没有海外商海那种尔虞我诈、动用黑社会哄抬物价、垄断资源等恶习，又有着尊重礼让的高姿态，这不禁让郑强感到了祖国大陆比海外更有发展前景，干企业更有安全感。

二十年了，二十个春秋匆匆而过，二十个春秋让郑强在心里感慨万千，随着他的资产从在国外的几个亿，发展到现在的几十个亿，烟台地区的外资企业也从几十家发展到上千家，这不能不归功于统战工作给这块土地带来的温度。

当我和郑强谈完话，移步离开英灵山时，朝阳越升越高，霞光越来越美，在万道霞光之中，楼似海，花似画，风光迷人的胶东大地，温度越来越让人感到舒适了。

作者简介：招远市作家协会会员，作品散见于报刊并多次获奖。先后荣获"春润杯"孙文龙精神全国征文大赛三等奖、"德惠杯"第二届范仲淹散文奖全国征文大赛三等奖、"幸福肥东杯"第二届海内外征文大赛二等奖等奖项。

爱在北纬37度

郭庆叶

十九岁那年的9月份，怀着对大学美好生活的向往，背包里背着红彤彤的录取通知书，耳边萦绕着父母殷切的期盼，我踏上了开往烟台历时七个多小时的长途汽车。那时的我，既有对烟台的美好憧憬也有初到异地的忐忑不安。

可是当我安顿下来的时候，烟台这座温婉的城市就如同母亲一般抚平了我初到异乡的不安和焦虑。因为烟台9月份的风是那样清爽宜人，像母亲的耳语，吹散了我思乡的紧张情愫；烟台9月份的海是那样清澈，像母亲明亮的双眸，宽慰了我彼时的心灵。

下面就是我和烟台的奇妙结缘之旅。

一、烟台的雪

当我第一年来到烟台，短暂的秋天过后，就遇到了烟台的冬天。那时我背着书包走在上课的路上，雪花悄悄来到了我的身边，但是我想着要早点去上课，没有注意到她的到来。许是见我没有发现她的到来，雪花姑娘便羞答答地亲吻了我的脸颊。急匆匆的思绪被脸上的凉意打乱，我抬头猛然发现一朵朵雪花精灵在空中漫天飞舞。雪花时而向左，时而向右，时而快，时而慢，在空中打着转儿，她们飞舞着，就像是白蝴蝶在空中嬉戏着，等到她们玩累了，便落在地面上休息。你以为她们再也飞不起来了吗？不是的，她们只是在等一阵风，风来，她们便可以再次乘风飞翔。

你以为这是烟台雪全部的脾性吗？不是的，烟台响当当的"雪窝子"称号可不是白叫的。大雪来临前兆，抬头看那黑压压的乌云，带着"黑云压城城欲摧"的气势让人喘不过气来。

整座城像是被一个巨大的罩子盖住了，突然，雪花成群结队地落下，周围一切都是那样静，我甚至能听到雪花簌簌落下的声音。雪花落在地面上、光秃秃的树枝上、停泊的车辆上。不一会儿，映入眼帘的，只有到处飞舞张扬的白色了。恍然间，给你呈现出一片银装素裹的奇特视觉体验。

二、烟台的春天

还记得刚刚走进烟台大学文经学院的时候，学长学姐们说，"在烟台，只有夏天和冬天，没有春天和秋天。"当时就在幻想烟台的春天是什么样子的呢，学姐嘴里的如夏的春天究竟是什么样子的呢？"沾衣欲湿杏花雨，吹面不寒杨柳风"是那时将近二十岁的我关于春天的最好描述。春天，那可是花儿鼓出蓓蕾、草儿冒出嫩芽、树抽出新枝的好时节。

然而，我对烟台春天记忆最深的就是那能吹倒人的大风啊！

大风裹挟着海边特有的咸咸的泥沙气味，充斥着鼻腔。海风狂吼，波浪翻滚，这让二十年深居内陆的我感受到前所未有的地域冲击。烟台春天的风就像是一个顽皮的小孩，掀起你的衣角，弄乱你的头发，可谓是由着她的脾气变换着你的衣着和发型。

但是，烟台的春天也不总是"顽皮的"，她也有温柔的时候，呈现给你的是风平浪静的海面和柔软细腻的沙滩。就像是一位少女敛起了她的性子，极尽娇羞。

烟台的春天就是这么变幻莫测，任由她耍着小性子，但是你却深深喜欢上了她。

三、烟台焖子

要说什么能让人对一座城记忆深刻，就我而言，除了当地独特的气候外，应该就是当地的美食了。美食就像是一把钥匙，打开了人们对一个城市独特的舌尖记忆。

来到烟台最先吃到的特色美食就是烟台焖子。在烟台的街头巷尾，常有这样的小吃摊，一口小小的特制平底煎锅，摊主拿着铲子不停翻炒，旁边摆着几种特色调味小料，粗制地瓜淀粉制成的粉块被铁铲翻炒着咯吱咯吱作响，一阵风吹过，空气中弥漫着焖子的独特香味。想吃到这样的美味，要等待几分钟，伴着摊主熟练的快速翻炒，带着焦黄锅巴的粉块发出独特的香味。摊主取出一个小碗，把热腾腾、香喷喷的粉块铲进去，随后麻利浇上几样特制调料，里面插上一根牙签，一碗美味的烟台焖子便制作完成了。热情的摊主说，原来吃焖子用的可不是牙签，而是铁丝小叉子，随着人们对健康卫生的要求越来越高，就换成牙签了。

用牙签插一块焦黄粉块放入嘴里，鲜溜溜、辣丝丝的味道立马充斥你的口腔，外面的粉块被煎得焦脆，里面的粉块软嫩弹牙，两种看似冲突的口感在你的口腔奇妙融合。麻汁香醇的厚重感，虾油独特的海鲜味，蒜泥的辛辣味，接连在舌尖舞蹈。

一碗焖子吃罢，唇齿间回味的是烟台独特的味蕾记忆。

四、朝阳街

朝阳街主街正式开街，当我第一次走进朝阳街，就被它独特的建筑风格吸引了。听烟台的老人说，烟台开埠后，蜂拥而至的洋人们一眼相中了烟台山附近依山傍海的风水宝地，争相在那一带建领事馆。但是洋人们日常的吃喝采买是个急需解决的问题，在这种需求下，一条专门为洋人们解决吃喝采买的街区应运而生。因为这条街是南北走向，所以人们就索性称其为"朝阳街"。

百年前，这里车水马龙、商贾云集，是烟台最繁华的商业街区。

百年后，这里人声鼎沸、欢声笑语，是烟台最时尚的网红街区。

朝阳街有古香古色的书店，有热情潮流的酒吧，有卫生整洁的餐厅……盎司洋行、克利顿饭店、宝时造钟厂、新中国电影院……吸引着大批游客前来拍照打卡留念。

同行的建筑系同学说，这些建筑外面看着是西式风格，里面却是中式建筑结构。我不由得想，这也许是在对传统文化的延续渴望和在西方文化的冲击下，最优的解决办法吧。行走在西洋风格鲜明的街道上，透过影影绰绰的中英文招牌，恍惚间，我仿佛走进了中国近代历史的文化长廊。

曾经那一扇扇斑驳的窗户见证了多少民族实业家的辛酸奋斗泪才能有今天朝阳街的灯火通明，曾经那一个个窄小的门脸目睹了多少民族实业家的辗转难眠夜才能有今天朝阳街的熙熙攘攘。朝阳街上留下了太多足迹，有无数洋人的足迹，但更多的是民族企业家自强不息、奋斗不止的步履。

在享受朝阳街带来的繁华热闹时，我们也应该思考被迫开放和主动开放是不同的，更应该增强为中华民族伟大复兴添砖加瓦的意识。

五、烟台山

每座城市都有自己的独特符号，烟台山便是烟台历经时光打磨后留下的最亮眼标志。中华旗袍博物馆，冰心纪念馆，烟台山灯塔，烟台抗日烈士纪念碑……众多的景点让人目不暇接。"山不在高，有仙则名；水不在深，有龙则灵"，这句话用来描述烟台山再合适不过了。

烟台山见证了烟台六百多年的变化，因此被烟台人民亲切地称为母亲山。

烟台山，我去过很多次。但让我印象最深刻的便是2021年5月份作为鲁东大学研究生宣讲团的一员，在烟台山拍摄胶东红色宣讲系列纪录片的那一天。

烟台山巅，苍翠掩映下，英雄纪念碑巍峨耸立。

英雄纪念碑下，宣讲人介绍道，烟台民族英雄纪念碑是为了纪念在解放烟台市区与日寇战斗中牺牲的八十九名八路军战士。纪念碑碑高八米，碑身呈五棱形。碑顶端雕有五角星，象征着革命先烈的精神永放光芒。碑身正面刻有"民族英雄垂名千古"八个隶书大字，其余四面自左至右分别镌刻着挽词以及八十九位烈士的英名。

纪念碑下是朝阳街的林立的洋楼建筑。八十九位烈士的英魂俯瞰着山下的洋建筑，保佑着山下烟台人民的幸福生活。

曾经旧中国的闭关锁国让中国脱离了世界前进的轨道，落后就要挨打。

但是现在中国人民已经站起来了，那种被奴役、被压迫的日子再也不会重现。

那天我们身穿红衣，那天我们激情澎湃，那天嘹亮的入党誓词久久环绕在烟台山。

那天我们举起右手，在英雄纪念碑下，嘹亮地喊出"我志愿加入中国共产党，拥护党的纲领，遵守党的章程，履行党员义务，执行党的决定……"战争年代，无数的革命先烈挺身而出，现在这个云谲波诡的时代，我们新一代青年人也不会退缩，不会胆怯；我们会迎难而上，迎风破浪，勇往直前。每个人体内的红色基因被唤醒，每个人的红色之魂在燃烧，中国过去任人蹂躏的历史已经一去不复返，如今是一个强大的新中国，并且这个国家会一直强大兴旺下去。

百年恰是风华正茂，在迎接中国共产党百年华诞到来之际，新一代青年人更应该传承红色基因，为实现中华民族的伟大复兴而奋斗！

浪花，涛声，夕阳，海风……一个个鲜活独特的烟台符号烙印在我的脑海里。烟台就像是一本书，越读越有韵味，越读越能体会到她的美好。即使这是我在烟台的第五个年头了，依然还有很多美好等待我去发现。北纬37度，那里有个地方名字叫烟台，一个有温度的地方。

作者简介：鲁东大学研究生，在鲁东大学2021庆祝建党一百周年华诞系列活动中获得诗词组一等奖。

愈知晚途念桑梓

张久深

在渤海湾离大陆三千五百米处有一面积仅二点五平方千米的小岛，隔岸遥望极像颠动在浪尖上的一枚桑叶，故名桑岛。这里便是为故乡兴办学校和公益事业慷慨捐资近百万元的旅日华侨王汝钧（1903~1994）先生的胞衣之地。

旧社会，这个只有几百户人家的小岛是个穷山恶水不养人的苦地方。"能上南山去当驴，不到北海去打鱼。"山区农民生活苦，桑岛渔民更艰难。海产品不值钱，岛上缺粮、缺水，出海打鱼风险大。为生计所迫，人们唯有背井离乡，浪迹天涯。王汝钧的父亲王作赢就是为了改变这贫困状况而出走的。

他先到营口做厨师，后去大连住饭店。有个旅日华侨见他烹饪技术好，便将他带到日本大阪市。在大阪初期，王作赢在餐馆当厨师，借住北方公所。几年之后，在朋友的帮助下王作赢与他人在大阪东区瓦町创办了泰赢楼、东赢园（租用）两处餐馆。他因为处事公正，经营有方，深孚众望，很快被股东们推选为两处餐馆的监理。这期间，不少桑岛青年追随他东渡日本侨居谋生。

一、发轫初开

由于当时家中生活比较困难，1903年6月18日出生的王汝钧在断断续续读过四五年书之后，于十三岁便被父亲带到大阪市泰赢楼学做生意。身居异国，与家人天各一方，生活不习惯，工作又劳累，年纪小，想家，王汝钧只能躲在厕所哭。

1918年，王汝钧二十三岁的大哥王汝昆在大阪经营海杂货亏损，吞鸦片烟自杀。二哥王汝强在大阪住了两年回国。

1924年，王汝钧二十一岁。他回国与二十岁的吕丽华完婚。婚后他去大连经营一家瓷器店，因无盈利，两年后又被父亲召去大阪市。不久，王汝钧被委为泰赢楼经理。当时东赢园的经理是蓬莱人，姓门。

1930年，为避战乱，其父王作赢返归故国，王汝钧因病未能回国，被安排守摊。翌年春，正逢"胶东王"刘珍年治下的黄县县长郎咸德势败，携带大宗公款及部分枪支夺船潜逃桑岛欲转赴天津。县城军警来桑岛搜捕，诬陷王作赢为窝主，对其进行捆绑拷问，勒索去一块怀表。王作赢因惊吓病重，卧床不起。王汝钧在大阪被股东们推选为两处餐馆的监理，正式接替了父亲的职务。

1933年，王汝钧三十岁。10月，其父王作赢去世，终年五十九岁。1934年2月10日（腊月廿七），其长子王遵业在桑岛出生。王汝钧回国料理完父亲后事返回大阪市。这段时间，正是王汝钧艰苦创业的奠基阶段。

二、创业时期

不久，日本友人田中广助将王汝钧介绍给大阪高岛屋百货店的大股东渡水。渡水又将王汝钧推荐给高岛屋饭田直次郎社长，王汝均被委为掌管中华料理五色园事务。因日本大企业一般不吸收外国人特别是中国人参加管理工作，几经周折，直到1935年王汝钧归国为其父举行过三周年祭，重返大阪后才正式到任。

饭田直次郎曾游历中国青岛等地，会说中国话，爱吃中国菜，常来五色园用餐，因而与王汝钧加深了相互了解，增进了友谊。在饭田直次郎和食堂部长池田直治的大力提携下，王汝钧很快受到信任和重用，得以享受高级职员待遇。

王汝钧别妻离子一去五年。这五年他如鱼得水，事业进展顺利。1940年他回国探亲，返归大阪后正逢日本友人堤胜彦和荒木合资购买了江苏省一个姓杨的中华料理店黄鹤楼。堤胜彦出面约请王汝钧与他们合作，由他代为经营管理。黄鹤楼餐馆店面宽大，生意兴隆。但好景不长，荒木排斥堤胜彦，不让堤胜彦进店，他怀疑王汝钧与他有串联，对其也戒备起来，使王汝钧处于左右为难的困境。

当时日本政策规定，只限中国人在日本本土经营一处企业，多经营者重罚。不知谁将王汝钧经营高岛屋五色园、黄鹤楼和梅田店三处餐馆的情况告发到了大阪警部。时值第二次世界大战爆发前的非常时期，凡被传去的人，不是强制回国便是被杀害。王汝钧接到传票后非常恐惧。有人建议他去求高岛屋饭田直次郎社长出面斡旋。王汝钧去恳求饭田直次郎，饭田直次郎指派保安课长加户辰三郎同去警部。加户辰三郎在警部一再解释说，高岛屋离不开王汝钧，他愿担保一切。出了警部，王汝钧以为黄鹤楼不能去了，高岛屋五色园亦不宜再去。而饭田直次郎与加户辰三郎认为大可不必，便再去警部说项力争："王氏诚实可靠，我社五色园之所以能办得这样有声色，全仗他善于经营维持。他若不在，营业将受影响……"最后，警部终于破例允准王汝钧兼营高岛屋五色园与梅田店两处企业。

1942年，王汝钧回国探亲。返回大阪后因大战爆发，自此与家人中断了联系，八年没通音信。妻子整日以泪洗面，苦候回音。

1945年，王汝钧四十二岁。大战期间高岛屋五色园及梅田店均罹兵燹。王汝钧贫病交加，身患肋膜炎住院长达六个月，亲友不见面，人们像避瘟似的回避着"王大个子"。王汝钧饱尝了世态炎凉与困苦艰辛。这期间，他与日籍妇女王松年结为伉俪，两人相濡以沫，患难与共。在最艰难的那段时间里，王汝钧大病初愈，有时仅靠供给的两盒烟换回一点土豆，躲进山洞里生食充饥。停战后，王汝钧身体尚未完全恢复，幸赖夫人王松年多方苦撑，善为调理，才得平安无恙。这年10月，友人堤胜彦借来三千日元，支持王汝钧重新经营饭店，王汝钧重振精神在心斋桥创办了一处万乐天餐馆。餐馆落成后，他前去拜访高岛屋饭田直次郎社长，报告喜讯。1946年3月3日，地底室若松吃茶店开张。这个店面押金二千日元，月租三千日元，每日可卖三千日元，星期天、节假日可卖五千日元。这天，饭田社长于上午10时只身来到店中，为吃茶店命名为"若松"。他对王汝钧说："这个吃茶店好好办，可保证四五口之家的安定生活。"他还对王汝钧进行了一番勉励指导。若松吃茶店在高岛屋各卖店中卖项最多。从此，王汝钧败而复起，事业有了新的发展和飞跃。

1950年，王汝钧四十七岁。9月，桑岛家中接到大阪市寄来的一封信。其妻子虽不识字，时隔八年仍能认出不是王汝钧手迹。见到这封王汝钧让别人代写的信，只以为凶多吉少，支撑不住晕倒在地，任乡亲怎样劝慰，总不相信是封喜信。

王汝钧始与家中接上了中断八年的联系。王汝钧与饭田直次郎的关系日益密切。

1952年新年前一天晚上，王汝钧请他吃酒。酒席上他郑重地对王汝钧说："我年纪已大，百年之后烦你代我照应家属，拜托了！"王汝钧感到突然。便对他说："我不是你的亲属，又是中国人。多蒙厚爱托妻寄子，责任非轻，只怕有负重托……"饭田直次郎生气了，喊道："你太薄情了！"气恼过后，他不容分说即席将委托事项说明，笔录下来交付王汝钧，王汝钧却之不恭，只好接受下来。之后，饭田直次郎将王汝钧邀到家中，让王汝钧与其儿子握手立誓，终身以兄弟相处。

1月21日，王汝钧看到高岛屋饭田直次郎在东京孔雀庄逝世的讣告。王汝钧一看，很是震惊。当即赴东京吊唁。晚10时后，遗体旁只他一人守候。翌日早朝，人们陆续来到太平间见到这情景大为惊讶，都被饭田生前结交的这个义气深重的异国知己所感动。至今王汝钧仍收藏着饭田直次郎社长馈赠的墨宝及中元节扫坟的留影以资怀念。并一直拨款资助饭田遗孀；在事业上竭力扶持饭田后裔，兢兢业业，不负故交所托。

大阪市的难波新地，大战时为防火灾将所有木屋尽行拆去，腾出八百余坪空地，战败后变成暗市场，由二十个台湾人分占了，在那里建起了临时房屋出售。这块地面被占据后，地主们曾向政府提出索回要求。因日本为战败国，政府处于无力状态，不得解决。日本地主无奈，便找到高岛屋食堂部长池田直治，转托王汝钧代为出面收回地权。池田直治对王汝钧讲了，王汝钧也感到棘手。最后日本地主们议定将地面分别写成契据，表面上将地面卖给了王汝钧，再由王汝钧出面与台湾人交涉、收租。占地的台湾人想租用，必须找保人。最后二十个台湾人请王汝钧为他们作保，保证按契据规定交租。这场争地纠纷事件总算平息下去。从那以后，王汝钧在大阪市的声誉日高，深受日本人敬重。

三、南华公会与山东同乡会

1946年初，大阪警部对华侨说，你们在大阪须有固定团体组织，这样才便于联系、管辖。于是，华侨们便开始筹备大阪市南区南华会馆。发起时没有活动经费，高岛屋捐了二千日元，租用了一个陈姓华侨家屋为会所，定名南华公会。会内台湾人多，多是做大买卖的，由刘道明和一个姓邱的为代表；大陆人少，多是做小生意的，由王汝钧一人为代表，三人驻会合办公务。两个月后，姓邱的被台湾梅田人用手枪打死。会内只剩下王汝钧和刘道明两人，由刘道明任会长。梅田人对刘道明也不信任，不服气，扬言说如果刘某敢当会长，即日就将他处死。刘道明害怕，不敢当会长了。王汝钧在难波为占地事替台湾人作保出过力，台湾人对他极其尊崇，因而一致推举他当了会长。王汝钧提议，今后会长就由大陆人担任，台湾人任副职。这一条作为会约定了下来。

1946年6月，《每日新闻》上载了一篇文章，攻击王汝钧说其做事偏袒中国人；他不过是高岛屋的一个厨子，现在竟大张声势，欺侮南区地主。王汝钧见到报纸后，偕同南华公会会员到《每日新闻》社申明：他是由高岛屋介绍出面管事的，余事从没过问，更没有欺侮的动机。在事实面前，负责这项新闻的记者总算认错道了歉，第二天做了更正。从那以后，南华公会不再过问或处理华侨琐事，转向专理侨商税务。王汝钧不任会长后，继任的会长们在更迭去留时都向他做礼节性的工作请示、汇报和交代。新旧交替，历久不衰，南华公会对他极其倚重信赖。

海外华侨为保障工作生活安定，大半组织了同乡会。王汝钧在大阪见到山东籍侨胞，尽管有的系乡邻，但是因为没有团体组织，他们形同路人，有事不能照应。王汝钧深感遗憾不安。为发扬中华民族团结友爱的传统美德，他经过多年奔走呼吁，终于在1982年组成了大阪市山东同乡会。当日，入会登记的有一百二十多人。大阪侨务总会会长张富源、副会长金翠，大阪市中华北帮公所理事长李义安等知名人士出席了大会。12月20日，同乡会在若松本店召开了预备会，选举王汝钧为会长。会址暂借若松本店二楼。从此，旅居大阪市的山东华侨有了自己的组织，加深了了解，增强了团结。

四、大阪中华学校

1945年，在大阪市本田町中华北帮公所内设立的振华学校被战火焚毁。第二年3月，侨胞刘德云租了本田国民学校一部分校舍，与沈容校长合作，成立了关西中华国文学校。学校以小学教育为主，兼设华语、英语两个专修科，于4月20日开学。6月，刘德云因事归国，与学校脱离关系。沈校长独自经营三个月，侨童增至二百六十余名，完成了六年小学编制，改校名为"大阪中华学校"。

1953年3月下旬，王汝钧觉得华侨学校租用校舍终非长久之计。为教育华侨子弟不忘故土和传统文化，在中国银行行长梁永恩、神户大学教授张无为等的支持下，他发起筹建学校倡议。广大华侨群起响应，组成建校委员会，王汝钧被拥戴为委员长。他们原计划利用北帮公所旧址建筑校舍。不料，8月份这块地面大半被划入大阪市扩宽路面案内，建校计划只好暂停。

数年前，高岛屋百货店附近有一仓库，是高岛屋由南海电铁租来的，后来高岛屋又转借给王汝钧用。1953年7月，南海电铁需用这个仓库，前来索取。王汝钧因没立借用契约，不便拒绝，只好将仓库退还了。

正当王汝钧东奔西跑寻找校址不得线索，心情相当烦躁时，南海电铁不动产系长鱼桥来若松店吃牛扒。鱼桥边吃边搭讪着对王汝钧说："你们的小刀钝，切不开肉。"王汝钧心情不好，沮丧地回答道："若是刀快，不切了你的手？"鱼桥没介意。接着说："我社收回你的小仓库，还给你一块大地面怎么样？"王汝钧半信半疑地随鱼桥到敷津町现场一看，喜出望外，肩上的重负顿时解脱，立即询问价钱。鱼桥说，一切条件须向社长商议后回答。于是，王汝钧拜托鱼桥和高岛屋食堂部长池田直治往见南海小原社长，说明情况。小原说："王汝钧为人讲信用，重然诺，素行高洁。饭田社长在世时经常称赞。眼下我社本想利用这块地面做车库，因当地商民反对，所以想转卖。他买，价钱不必计较。"

鱼桥、池田直治两人将经过对王汝钧一说，王汝钧十分高兴。第二天便亲去拜访小原社长。小原社长说："你因我社要用，无条件将仓库退还了，足以证明你为人光明磊落。饭田社长对你的称赞确实不过分。这块空地就决定卖给你本人，但不得转卖。价钱从优，聊表敬意。"卖价确实低得惊人：每坪仅一千六百日元，只有市价的三分之一。当时王汝钧手头无钱，急找本会委员王寿光借二千万日元，当日送到南海电铁，算是订金。10月初，委员会邀来八十余位侨胞在若松本店聚会，报告买地经过。出席者非常高兴，议定即日募捐，从速构筑。当时捐簿上即达四千万日元。1955年7月18日举行校址地镇祭，破土动工。建筑施工期间，恰逢日本经济紧缩时期，收捐滞涩。王汝钧只好将若松店押与中国银行借债，充当建筑费。后来幸亏在江浙委员中较有威信的陈德湖委员及与学生家长较熟悉的果浩东校长协助王汝钧奔走收捐计三年之久，共收进三千五百多万日元。这三年中，王汝钧精神极度紧张。到官厅交涉买校地、申请学校法人等项事宜全仗善于外交辞令的董事长陈毅。而到捐主门上收捐，只好自己出面。进门后，捐主有时仅倒一杯茶，陈德湖、果浩东无茶，他不好独饮。中午无时间吃饭，只好买面包在车上啃。有一次果校长去吃了碗面条，因多耗了时间即被王汝钧申斥了一顿——因为收捐要抢在主人在家吃饭的空间，错过了便要空跑。这样一直跑了三年，总算跑出了成果。不然，王汝钧押出去的若松本店有被银行没收的危险。

1955年12月23日，校舍竣工。这是座钢筋水泥三层楼，合计四百三十三坪。1956年1月10日启用授课。1月18日大阪市政府发给中华学校设立认可证明书，学生达二百七十多人。

学校建成后，围绕着人事权的从属一直没中断斗争。7月18日午前，有几个不三不四的人蜂拥入校，把守电话，张贴罢免校长的布告，监视学生行动，威逼校长交出公章，企图侵占学校。后经学生及家长盘诘、抗议，暴徒狼狈逃窜。暴乱前日，暴徒已向侨界各团体、日本各有关学校、大阪市教育机关发出侮侨辱国的通知，闹得满城风云，招致不明真相的人非议，校誉深深受损。事后，公推孙永和先生接任董事长，将所有扰乱校政、参与滋事的教师查明后解聘、辞退。前董事长吕孝之来校申述说，不幸事件全系大阪特务制造，他当时被挟持出头担当恶名，实属受骗上当。他意在推卸自己的责任。

1957年4月中旬，有人发起组织赴台观光团活动，主要目的是想实现早在三年前经大阪华侨总会陈廷岳会长允准的运进台湾香蕉，以其售出盈余资助建校的想法。王汝钧偕同董事长孙永和、会计主任童仁明、监查陈德湖及王寿光、顾问陈毅组成大阪市文教观光团，于4月中旬赴台湾观光。

见蒋介石时，蒋介石允准购运三万篓香蕉，并面嘱侨务委员长照办。王汝钧一行于5月初返回日本后立即抓紧筹办准予输入和减税手续，当时预计可得五千万日元盈余，学校经费可保无虞了。

1961年1月，由中国银行交来香蕉售出金五百八十余万日元。本来申请运售香蕉是以资办学，历经三年，结果很不理想，得不偿失，令人感慨。

经五年呈批，大阪市府教育课始批准了学校合法存在，获得了与日本私立学校同等地位。这在华侨学校中算开了先例。翌年1月，董事会改称理事会。

1963年7月，理事会聘来台湾"国大"代表张世森为校长。张世森到校后即在校门前张贴出"现在把红的都赶出去了"的布告，视历年毕业生纪念照片为"红"的，全部撕毁抛掉。同时，他发公函通知王汝钧参加校务会。王汝钧到场，而一个个与会者，却躲到别的房间去了，只剩王汝钧一人茫然失措地待在那里。这是怎么回事呢？原来，前一段时间王汝钧觉得校内张贴的标语有损国格，有碍观瞻，全部扯掉了。这引起当时台湾驻日"大使"沈觐鼎的不满，沈觐鼎指着王汝钧说："你是红的！"王汝钧毫不相让，指着他说："红的是哪一国的？"当时把沈气得说不出话。其后，台湾驻大阪"总领事"孙秉乾想在校内安插亲信，篡夺校长权位。及见张世森到任，他便指示其亲信结帮拉伙，置校务于不顾。王汝钧对这种朋比为奸、不顾大局的宗派斗争十分厌恶，不时进行抵制。其处境好似落在旋涡之中，自然招致了这种哪一派也不愿与他正面接触的冷遇。这种无聊的派系斗争搅闹得学生不得安宁，纷纷退学，最后仅剩下八九十人，一直延续到1965年11月张世森败北方终。

这年12月，王汝钧几经周折，树起了建校纪念碑。他请孔德成先生题了碑文，将九十二个为建校捐资的人名镌刻在碑面上。

学校在三年半的时间内四易校长，可见校内人事斗争之激烈。1966年7月，杨作洲任校长。1969年12月，与学校素无关系的王炳华出任理事长。来年1月，公正廉洁、忠诚可靠的杨校长被迫辞职。令人遗憾的是，在他任期的三年半内，校内三次失火。据消防队调查，此纯系蓄谋嫁祸校长而纵。王汝钧对此深表歉意。1970年，理事会任命肖文青为校长。自此以后，学校声誉每况愈下。大阪市华侨子弟多入日本学校或远赴神户侨校就读。到1982年，学校学生仍不足一百名。

十多年来，学校一直悬挂着旧国旗，虚张声势，倒行逆施，推行愚民教育，令人难以接受。1973年7月15日，王汝钧带头发起侨校停止挂旧国旗运动，签名赞同者达三百余人。8月，王汝钧又召集与建校有关的三十多人在若松店协议复兴学校办法，推举代表拜会理事长。但所提建议均无下文。对于校长和教师任用非人、学校公产被有政治背景的人强行把持的现状，当日参与建校活动的人均扼腕唏嘘，徒唤奈何。只恨侨团姑息养奸，软弱无力；而祖国又鞭长莫及，无法协助排除困扰。对学校的去向，对华侨子弟的前途，人们无时不在密切关注和担忧。

五、拳拳赤子心

王汝钧治家甚严。长女王英富与王信春结婚，次女王英成与吕耀明结婚。他为两个女儿的择婿条件是女婿须为中国籍。对国内孙女的婚事，他也有一定的标准，男方必须本分、诚实、正直。

他在大阪见日本人一般都会写能算，十分羡慕。为给故乡的后代创造一个良好的学习环境，振兴故乡的教育事业，他戒烟戒酒，克勤克俭，有余即蓄，立下一个为桑梓办学略尽绵薄之力的宏愿。

早在二十世纪六十年代末，王汝钧便将存款寄来故乡，向地方政府申请建学校。由于种种原因，此愿望延搁多年没能实现。不得已，他于1971年以七十高龄远渡重洋回到阔别31年的故国家乡，向地方政府陈述原委，殷切恳请，始得允准。随即，他于1972年又一次回国筹划校地，购置建材，在乡亲们的大力协助下，终于在1973年春建成一座六配套的乡村中学。为建校，王汝钧捐资十三万元。

桑岛地灵，物阜民丰，唯饮水匮乏。三十余年来人们先后凿井二十余眼，井水非咸即苦，难以下咽。王汝钧无时不以家乡缺水为虞。1983年7月，王汝钧回国探亲。返日之前，对副省长说："桑岛乡亲一天吃不上甜水，我的心病一天不去！请政府支持我打井，费用多少一概由我承担。"副省长被他的赤诚打动了，立即答应先派技术人员进行勘测，了解水文等情况后即行开钻。经勘探，钻出来的水仍是咸的。1984年4月，日本大阪市山东同乡会组织回国观光，王汝钧任顾问。他无心去领略曲阜的名胜古迹和泰山风光，一心惦记着故乡第二眼水井的开掘，把观光事宜安排就绪后，长途驱车风尘仆仆地赶回桑岛。半个月的时间，他几乎天天待在钻机旁静候出水消息。终于出水了，水是甜的，但水量太少，难如人意，结果功败垂成。两起两落，折之弥坚；数年奔波，愈挫愈奋。王汝钧返回日本后不易初衷，并不气馁。他立即写信给副省长："两次打井，功亏一篑。耗心劳力，实在抱愧。请让我再打一次——三次为满。"1986年4月15日再次开钻，终于成功了！王汝钧双手捧起还没澄清的地下水尝了一口——呵！水是甜的！几十年来盼水、等水，望眼欲穿，如今成了现实，一生夙愿化作两行热泪滚落下来。

桑岛钻出甜水井了！举岛上下欢声雷动。四百四十多户男女老少眼望着喷涌如注、清冽甘甜的井水奔走相告：吃咸水、苦水和不清洁地表水的历史结束了！人们饮水思源，竞夸王汝钧功德无量，纷纷提议为王汝钧树碑存照，垂范后世，表彰他爱国爱乡、慷慨捐资、造福桑梓的义举。

古人有"狐死首丘，代马依风"的名言。王汝钧侨居扶桑，心怀故乡，无时不为祖国的富强、故乡的昌盛牵心。青年时期他白手起家，历尽坎坷，只恨力不从心。经过数十年埋头拼搏和筚路蓝缕的苦心经营，他已在大阪市创办了南区难波若松本店和高岛屋、地底室、淀桥屋五处餐馆和心斋桥皮包店，在东京和米子也创办了二处若松餐馆，共有一百六十名员工。但家家都有难念的经，一家不知一家难。实论起来他在华侨中算不上怎么殷实富有，何况身处资本主义竞争旋涡，随时都有倾覆之虞，难保长期稳定……近年来，他竭尽中华儿女天职，不断解囊创办公益事业，捐资、捐物总额不下一百万元。

桑岛——东瀛，一衣带水，连理同根，骨肉情重。二十世纪六十年代初期，故乡遭受自然灾害，他坐卧不宁，心如油煎，辗转于大阪与香港之间，运回桑岛二百袋面粉，雪中送炭，以济燃眉之急，尽了心意。为繁荣故乡的文化事业，改善乡亲们的文化生活，他捐资修建县立图书馆，给村民购置彩电、太阳能钟等。为把乡亲们从繁重的体力劳动中解脱出来，他早在二十世纪七十年代初就为故乡购置了三台拖拉机并捐赠给当地政府三辆日产轿车。而他自己在日本却不置车，也轻易不乘车。尽管自己在故乡的儿孙生活还不宽裕，院老宅旧，没有高档家用电器和时新家具，他却不惜重金从海外购进二百只水貂，帮助乡亲们兴办副业，增加收入。在大阪市，他为祖国新建领事馆捐过钱，为烟台市建筑华侨宾馆捐过资、捐过车。他对在国内办企业投资赚钱不感兴趣；凡属开发智力、兴办福利、为国分忧的义举他争先恐后，当仁不让。

王汝钧是个重情义的人，讲道德，讲良心。他的事业成功和他的爱国爱乡行动是与日本友人的鼎助和深明大义的日籍妻子王松年的真诚支持分不开的。对此，刻骨铭心，念念不忘。

"梦中每迷还乡路，愈知晚途念桑梓。"王汝钧于1994年8月1日在大阪病逝，终年九十一岁。弥留之际他仍把故乡的一山一水、一草一木悬挂心上，殷殷嘱示后代：树高千尺不忘根，一定要为祖国多作贡献！

作者简介：原龙口史志办副主任，《龙口市志》副主编，先后出版文史类专著《鲁之灵光》《义炳千秋》《青山不老》等十一部作品。

千里家乡一日还

王　琼

铁路是国家重要的基础设施。从二十世纪六十年代初，烟台首条铁路——蓝烟铁路成为烟台对外交流、运输旅客的主通道。当时，烟台与北京往返车次仅有247/8次列车，车少人多让市民备感"一票难求"。而今，高速铁路不仅仅是人们相互往来的交通工具，更是在春运期间发挥着重大的作用，让人们出行更加方便、轻松、快速。机车的变化，见证着中国共产党带领全国人民奋斗所取得的辉煌成果。在过去的那些年，我们亲身经历过蒸汽机车、内燃机车、电力机车，今日的高铁更是有了飞跃的发展。2014年12月28日，青荣城铁"开跑"，并于两年后全线贯通。烟台在"沿海边区"变成"门户城市"的同时，北上的路更近了——青荣城际铁路与京沪高铁相连，使烟台真正融入全国铁路网，从烟台去北京只需五小时三十八分。

一条铁路联通着烟台与外面的城市，推动着城市之间的交流。父亲的家乡在河北，1984年，父亲只身从河北来到烟台。父亲至今还清楚地记得当年坐火车来烟台的情景。当年全部都是绿皮车，从河北到北京需要五块钱，从北京到烟台需要二十六块钱。当时的车厢内人挤人，父亲买的都是站票，车厢内也比较脏乱，平均车速六十千米每小时，从北京到烟台需要乘坐二十四个小时，虽然旅途疲惫，但是都阻挡不了父亲想来烟台闯荡的心。出站后，父亲看到的是当年的烟台老火车站。老火车站在芝罘区，较为破旧。它用斑驳的墙体迎接远道而来的父亲，也"目送"从此离开的家人们。出了火车站，双脚踏在烟台的土地上，吹着海风，年轻的父亲喜欢上了这座滨海城市，就在烟台扎了根。

其实烟台的老火车站始建于二十世纪五十年代初，于1956年7月1日正式通车。经历了三十多年风剥雨蚀，老火车站除主体正面为普通的二层建筑外，其余多是平房和临时建筑。诚如父亲所说，虽然火车站较为破旧，但也正是因为有了烟台的火车站，周边的公路客运也陆续发展了起来，烟台与其他城市间的交流也多了起来。通过铁路，烟台滨海丰富的鱼虾资源运往全国各地。再到后来，烟台苹果莱阳梨等也成为全国人民耳熟能详的烟台特产，以烟台火车站为核心的"三站"所带来的强大客流，为烟台商业故事中有着传奇色彩的"三站奇迹"奠定了坚实的基础。

在烟台飞速发展的岁月里，对于父亲来说，每年春节回家乡河北是一件大事。那时候要排队去抢火车票，抢票人数众多，甚至于会贴身（前面的人紧紧挨着后面的人）抢票。母亲会给父亲准备一些煮熟的鸡蛋、方便面等带在身上，把父亲送到烟台站候车，自己再回家。当时候车室较为窄小，对于烟台火车站来说扩建候车室迫在眉睫。1988年，烟台站对客运候车室进行了扩建。整个工程1990年结束。新候车室增加了软席及母子、军人候车室。旅客候车大厅建筑面积为三千八百七十六平方米，可容纳两千七百六十七人，休息座位一千三百个。父亲说，新建候车室为旅途中的人们提供了较为方便的休息地。每年的春节，父亲都要乘坐的那辆绿皮火车，墨绿色的车身和座椅，白色的标牌，车厢顶部挂着一排电扇，"哐当哐当"慢悠悠地行驶，小站也会停靠一会儿，有时还需为其他火车让路，半路停车……父亲说，坐过绿皮车的人们，脑海中都会留下这样的记忆。后来烟台有了红皮车，又区分出了K字头和T字头的火车，等到有了Z字头的车，父亲想，这就是最好最快的火车了。

随着烟台经济的快速发展和城市规模的不断扩大，特别是蓝烟铁路复线的开通、烟大铁路轮渡的试运营，烟台火车站运力不足、功能落后的劣势日渐显现，已经远远不能适应城市发展的需求。老火车站建筑零乱破旧，站前广场人流车流密集、交通拥堵混乱，在当时，已与烟台城市整体形象极不相称。2002年，铁道部，烟台市委、市政府决定重建火车站。2007年5月16日，烟台老火车站拆除工程正式开始，"烟台站"三个暗红色大字缓缓吊下，已有近半个世纪历史的烟台老火车站与市民挥手告别。

2008年10月1日，烟台新火车站正式投入使用，容客量是旧站的百倍之多，设计使用年限为五十年。新站的建成，同时意味着南北长一百六十五点五米、面朝大海阳路的"城市之门"正式成为烟台的一大标志。站房总建筑面积约七万平方米，其中客运房屋面积为二点九万平方米，设置有普通候车室、售票厅、软席候车室、母子候车室、站内商业和办公服务用房。2014年12月28日，随着青荣烟威城际铁路的正式通车，城铁烟台南站迎来首日的人潮并喷。烟台南站为烟台七个城铁车站中最大的一个站点，磅礴气派，站房上"烟台南站"四个红色大字格外显眼。

"上午9时44分从烟台南站始发的动车，下午3时18分就到达北京。"现在父亲出差去北京，坐在高铁上，宽敞舒适的座椅，高速平稳的运行，让父亲感慨道：中国铁路飞速发展，买票方便了，车速快了，如今坐在动车上再也听不到以前火车"咣当咣当"的声音了。从慢悠悠的绿皮车到时速二百五十公里的"子弹头"；从彻夜排队买票到点点手机即可购票；从淡粉色的硬纸板票到蓝色的软质车票……父亲回想起二十世纪八十年代在火车站排队买票的情景，他觉得现在的生活很幸福。现在去北京，父亲直接在手机铁路12306APP上买车票，中国铁路总公司还陆续对退票、改签等服务进行了更人性化的调整，以方便百姓的出行。

中国共产党百年风华，父亲见证了烟台火车站从老到新的变化，父亲坐过的火车也从纯数字编号到"K"字头"Z"字头，再到"D"字头"G"字头"C"字头，从绿皮火车的"人在窘途"到飞驰高铁的"人在坦途"。在父亲回家乡的旅途岁月中，我感受到中国人民的出行方式经历了巨变，八纵八横的铁路网正承载着中华民族复兴的中国梦，带领我们大步前行。新时代，我们坚信，在中国共产党的带领下，中国人必将实现新的中国梦！

作者简介：民盟烟台医务综合支部盟员。

烟台山行记

王旖然

2020年夏秋之交，因着升学的机会，我踏上了广袤的烟台土地。

说来也奇怪，作为一个吃着烟台苹果莱阳梨长大的山东人，胶东半岛几座城我没有踏足过的独独一个烟台。现在想，这可能是奇巧的生活从一开始就想着要给我三年的烟台生活留点惊喜和悬念。

高铁在大贝壳样的烟台站缓缓停下，我搬下将在这里一同陪伴我度过三年光阴的行李，迎面而来的便是凉凉的海风。究竟这个城市的海有多美啊，才会选择将火车站建在了海边，一睹究竟的好奇在我心中雀跃欢腾。

抵达烟台后的第一个游览地，我和陪我来报到的母亲选择了烟台山。理由很简单，只是因为这里离我们抵达的站点很近。这时的我并没想到，未来的日子里，自己还将再来这烟台山，一回，两回，无数回，跟这里的一栋栋洋房建筑，甚至是一草一木产生怎样深刻的羁绊。

第一回

　　抵达烟台后，安顿好行李，我跟母亲沿着海岸路一道寻着了烟台山景区的大门。下午，太阳热烈烈悬在天上，脸上戴着口罩，汗珠便从口罩下争着往外冒。刷了身份证进门，穿过正门的广场走上台阶，就开始有了树影落在地上，也便不那么热了，我抬头一看，这应该就是上山路了。烟台山虽然不比其他山高，但漫步其中，花草绕着花草，绿树围着绿树，倒是比别的山多了几分雅致的宁静：纵使周围游客纷纷，在这里，总能沉下心来，不由自主地想要与这里的一草一木为伴。

　　沿着台阶一步一步向上，一栋栋极具欧式风情的洋楼安然出现于两旁，走近看觉得它们好像是孑然一身，但又一起分布在这同一个小小的山坡上，日日夜夜一块远眺着整个芝罘、整个烟台。再往上走，就是烈士纪念碑、烽火台，再走走就是海边了。一路走到海边，有种强烈的豁然开朗之感。从前去过的那些海边，大多是平平无奇的沙滩，什么海天相接的景色，站在十几米外便能一览无余。而眼前的这片海，傍在烟台山畔，需得穿过长长的冬青回廊和小树林，才能"重见天日"，平添了几分探险的意趣和眼前出现意想不到的美景后的惊奇。海面平静，同烟台山一起沐浴着午后骄阳，只有几簇浪花轻轻拍打着礁石。如果说刚刚在山里还会为来来往往的游客而稍微感到嘈杂，那么立于山边海畔，就能全身心感受到彻头彻尾的净化，仿佛浪花拍打完礁石向后退去时，把心中的杂念也卷走了。明明是市中心最繁华的腹地，却能有这样一个超脱世俗之外的地方，我是开心的。但再漂亮美好，这里终究是个景区，今日一别，我迈入上学的正轨，应当是没有什么时间能够专程再来这里了吧。

第二回

　　一旦忙碌起来，日子就过得格外快，这必定不是独独我一人的感受。日复一日，生活也算是有条不紊向前走着，坚定的步伐向前迈着。转眼来到了2021年春天，我已经适应了在烟台的生活，也不出意料地几乎把游烟台山抛诸脑后。直到4月，校会组织的一个活动给我的生活轨迹带来了改变——拍摄胶东红色文化宣讲纪录片。在此之前，我从没对胶东红色文化有过什么深入的了解，最多就停留在课堂上老师的一两个故事。这个机会，使得我同烟台山再次相遇，并且使得我主动去了解它美丽雅静的环境、一栋栋洋楼背后的故事。

　　第二次来到烟台山，是为我们的宣讲活动先踩点，确定宣讲场馆和内容。时隔半年多，当初核验身份证的闸机已经尽数拆除了，整个烟台山就这么毫无阻碍地展现在我眼前，好像在此专门等待着我来了解她，探索她的过往，参与她的现在，成就她的未来。

　　看着眼前的一栋栋洋楼，我努力挖掘着脑海深处那一日的记忆，才发现当时的记忆仅仅停留在上面所写的所谓景色花木，再没有别的什么了。找了专业的导游，她听闻我们的来意，便向我们推荐了"两馆一碑"的路线——烟台开埠纪念馆、胶东革命史陈列馆、革命烈士纪念碑。跟在身穿红色制服的导游身后，重走了一遍山间台阶，我的心境与初次来时截然不同。回想起来，那时不过走马观花。小小一座烟台山，背后竟凝聚了烟台百年开埠史、革命史，立于山巅的革命英雄纪念碑，已不是被栋栋旧日领事馆包围，而是在山巅上俯视着它们，远眺着脚下焕然一新的烟台大地、胶东半岛。

第三回

不知道有多少人见过烟台海岸路早晨5点的天空，我想说，很美，美到很难找到合适的词语来形容。天已大亮，而太阳还未完全升起，在海天相接处冒了个小尖，徘徊着好像要升未升。终于升起来了，灿烂的初阳晨光便打在每个角落，照得人心里暖洋洋，晨起的疲惫和颓丧一扫而空。

其实已经不是第三回来到烟台山，其间为了踩点，我已算不准这是哪一次同她相见了。我感觉我已经跟她熟悉到可以记得每栋建筑的位置了，必要的时候充当个导游也不在话下。但这次终于来到了纪录片正式拍摄的当天，我以为我不会再发现什么烟台山的新面貌了，但看到沐浴在朝阳光辉下的她，我不禁又要向她再表达一次爱意。

拍摄有条不紊地进行，而此时已没有导游，宣讲团的每一位，此刻都是这里的一部分。行走于草木间、石板台阶上，我们也身穿红色制服，也迫切地想要把这里的草木，这里的故事，这里的故人，介绍到胶东半岛以外，全省，全国，全世界。想要告诉所有人，在这片土地上，勤劳勇敢的胶东人民，为了革命，为了中国，为了自己的家园，为了美好的未来，流过汗，流过泪，流过血，葬身于此，在所不惜。我们在革命烈士纪念碑前宣誓，作为胶东土地上生活的一分子，虽不能参与历史，但至少能够把握现在，改变未来。

6月，经过近两个月的补充剪辑，纪录片正式上线。看着不断上涨的点击量，我体会到了作为传播者的成就感和使命感。烟台山作为广袤胶东大地上的小小一分子，就已记录了、承载了如此的史实和故事。宣讲团也不仅仅停留在烟台山，还有很多的胶东红色文化代表地，潜藏着无数动人的红色史实，代表着胶东人民奋斗过、抗争过的那些日子。

我又想起了同烟台山的初见，如果梦里能同那天的我有个小小的对话，我想应该会对自己说：你看到了她的美，但是她的美远不止你所能看到的。

作者简介：鲁东大学研究生会副主席，鲁东大学研究生宣讲团胶东红色文化宣讲烟台山站负责人。胶东红色文化宣讲系列纪录片累计点击量过万，其中烟台山站纪录片作为优秀作品被上传至学习强国平台。